# 엄마와 함께하는
# 타로카드 놀이

# 엄마와 함께하는
# 타로카드 놀이

| | |
|---|---|
| 발행일 | 2016년 09월 05일 |

| | | | |
|---|---|---|---|
| 지은이 | 오 은 영(춤의문) | | |
| 펴낸이 | 손 형 국 | | |
| 펴낸곳 | (주)북랩 | | |
| 편집인 | 선일영 | 편집 | 이종무, 권유선, 김송이 |
| 디자인 | 이현수, 신혜림, 한수희 | 제작 | 박기성, 황동현, 구성우 |
| 마케팅 | 김회란, 박진관, 오선아 | | |
| 출판등록 | 2004. 12. 1(제2012-000051호) | | |
| 주소 | 서울시 금천구 가산디지털 1로 168, 우림라이온스밸리 B동 B113, 114호 | | |
| 홈페이지 | www.book.co.kr | | |
| 전화번호 | (02)2026-5777 | 팩스 | (02)2026-5747 |

| | | |
|---|---|---|
| ISBN | 979-11-5987-172-6 03180(종이책) | 979-11-5987-173-3 05180(전자책) |

이 도서의 국립중앙도서관 출판예정도서목록(CIP)은 서지정보유통지원시스템 홈페이지(http://seoji.nl.go.kr)와
국가자료공동목록시스템(http://www.nl.go.kr/kolisnet)에서 이용하실 수 있습니다.
(CIP제어번호: CIP2016021306)

성공한 사람들은 예외없이 기개가 남다르다고 합니다.
어려움에도 꺾이지 않았던 당신의 의기를 책에 담아보지 않으시렵니까?
책으로 펴내고 싶은 원고를 메일(book@book.co.kr)로 보내주세요.
성공출판의 파트너 북랩이 함께하겠습니다.

# 엄마와 함께하는
# 타로카드 놀이

오은영 지음

예쁘고 특이한 그림으로 아이의 마음을 열어라!

북랩 book Lab

타로카드 놀이가
창조해내는
치유의 힘에 대한
가슴 따뜻한 이야기

아이 내면의 이야기에 귀를 기울이는
그때부터 치유의 힘은 작동하기 시작한다.

# 춤의문 타로카드 놀이의 탄생

안녕하세요, 춤의문입니다. 이 책은 자녀를 둔 부모님들을 대상으로 타로카드를 이용한 자녀와의 대화 방법을 위해 만들어진 책입니다. 먼저 타로카드 놀이를 소개하기 전에 춤의문을 소개할게요. 춤의문은 대학교에서 발레를 전공하고, 대학원에 입학하여 표현예술치료학을 공부하였습니다. 현재는 '춤의문 발레하우스'를 운영하며 발레하우스 아이들과 신나게 춤을 추고 있습니다. 학생들도 학부모님들도 저를 '문'이라고 부릅니다. 그래서 이 책에서 저는 '문'으로 지칭하겠습니다.

문은 우연히 타로카드를 취미로 배우게 되었습니다. 타로카드를 배우고 친구들에게 타로점을 봐주고, 재미로 발레하우스 아이들 몇 명에게도 타로점을 봐주기도 했지요. 아이들은 이러한 신비한 현상에 대해서 호기심을 가지고 좋아하였습니다.

그러더니 타로점을 본 친구들이 다른 친구들에게 이야기하면서 학생들이 문에게 찾아와서 타로점을 봐달라고 부탁을 하더라고요. 하지만 점이라는 것을 어렸을 때부터 믿고 호기심을 가지는 것은 선생님 입장에서는 결코 좋게 생각되지 않았어요. 그래서 문은 아이들에게 어린이가 점을 보는 것은 좋지 않다고 거절하고 돌려보냈지요. 거절한 문에게 아쉬운 표정을 보이며 돌아서는 아이들을 보면서, 타로

카드로 점을 보지 않고 문을 찾아온 아이들과 타로카드로 의미
있게 놀 수는 없을까? 하고 문은 생각했습니다.

타로카드에는 다양한 그림들
이 그려져 있는데, 이 그림들은
각각 상징을 담고 있습니다. 그
래서 문은 고민 끝에 이런 상징
성을 이용하여 아이들과 이야기
를 해봐야겠다고 생각했어요.
미술치료에서는 내담자들이 그
린 그림의 상징성을 이용하여
내담자의 심리를 분석하지요.
그래서 그러한 그림의 상징에 대해서 이야기하다 보면 아이들에게
심리적인 안정에 매우 도움이 될 거라고 문은 생각했습니다. 그래
서 문은 아이들과 타로카드 놀이를 시작하였답니다.

처음에는 재미있는 이야기를 서로 주고받는
것으로 시작하였는데, 아이들은 자신의 고민을
이야기하고, 자신의 상처에 대해서, 또는 자신
의 희망과 꿈에 대해서 문에게 이야기해 주었습
니다. 문은 질문하고 들어 주며 아이들과 타로
카드 놀이를 하였고, 타로카드 놀이를 한 아이

들은 타로카드 놀이 이후 생활면에서 긍정적인 변화가 생기기 시작했어요. 그리고 자신들이 예전보다 더 즐거워졌음을 문에게 직접 와서 얘기해 주었습니다. 또한 타로카드 놀이를 문과 함께한 아이들은 문에게 더욱 친근하게 다가오기 시작했어요. 이렇게 발레하우스 아이들과 문은 타로카드를 통해 가까워졌고, 문 또한 아이들의 발레 실력의 향상에만 신경 쓰는 것이 아니라 아이들의 심리적 상태와 고민, 그리고 그들의 상처 등에 관심 가지고 함께 고민을 해결해 나가는 선생님이 되었어요. 문도 너무 즐거운 경험이었고, 아이들 또한 타로카드 놀이를 너무도 좋아하였습니다.

타로카드 놀이를 통해 문과 아이들이 가까워지면서 문은 이 타로카드 놀이는 부모님과 자녀가 해야 할 놀이임을 깨달았습니다. 요즘 부모님들도 바쁘지만 아이들 또한 바쁜 일상을 살아가고 있는 것이 현실입니다. 발레하우스의 한 아이는 엄마보다 문을 더 자주 본다고 하더군요. 이렇게 서로 바쁜 부모님과 자녀가 주말에

라도 잠시나마 깊은 대화를 위해 타로카드 놀이를 한다면 서로의 심리적인 거리는 훨씬 가까워질 거라 생각됩니다. 부모님과의 대화는 아이들이 갈망하는 일이에요. 우리 아이들을 위하여 부모님들이 이제부터 소개해 드리는 타로카드 놀이에 꼭 관심을 가지고 한 번이더라도 실행해 주시기를 문은 간절히 바랍니다.

## 놀이를 위한 타로카드 구입하기

먼저 타로카드 놀이를 위해서는 타로카드가 필요하겠죠? 문이 이 책에 소개된 놀이를 하기 위한 세 가지의 타로카드를 소개해 드릴게요. '라이더 웨이트 타로카드'와 '유니버설 웨이트 타로카드' 그리고 '델로스 타로카드'입니다. 이 세 종류의 카드는 같은 내용의 그림을 담고 있어서 이 셋 카드 중 하나라면 문과 함께 타로카드 놀이를 할 수 있답니다. 문은 이 책에서는 아이들과 함께하기에 가장 알맞은 델로스 카드를 사용하였습니다. 델로스 카드는 그림들의 주인공들이 어린이이며 귀엽고 예쁘답니다.

〈왼쪽부터 라이더 웨이트 타로카드, 유니버설 웨이트 타로카드, 델로스 타로카드〉

구입하는 방법은 인터넷 쇼핑을 이용하는 방법이 가장 편리합니다. 일반 서점에서는 타로카드 구입하기가 쉽지 않아요. 자, 이제 이 책을 구입했으니 마음에 드는 타로카드를 선택해 보세요.

**타로카드 온라인 구입처**

- 인터타로 www.intertarot.kr

- 타로클럽 www.tarotclub.com

- 램램(델로스 타로카드) www.lamb-shop.com

CHAPTER 1

# 타로카드에 대한 사랑

타로카드를 구입했다면, 이제 타로카
드는 나의 친구입니다. 우리가 친구를 사랑하듯이 타로카드도 사
랑으로 다루어 주어야 합니다. 타로카드는 살아있는 물질입니다.
이 존재는 인간의 구조와는 다른 종이로 만들어진 78장의 카드이
지만, 우리의 이야기를 들어 주고, 걱정을 덜어주고, 고민을 해결
하게 도와주는 친구입니다. 오늘부터 여러분은 이런 친구와 사귀
게 됩니다. 이 타로 친구와 우정을 쌓기 위해서는 친구에 대해서
알아야겠지요? 문이 타로카드가 좋아하는 것과 싫어하는 것을 알
려드릴게요. 부디 타로카드가 싫어하는 것은 행하지 않길 바라요.
그럼 타로카드도 여러분을 사랑해 줄 거에요.

# 타로카드가 좋아하는 것과 싫어하는 것

### 깨끗한 장소와 깨끗한 손

타로카드는 깨끗한 곳을 좋아합니다. 반대로 더러운 곳은 매우 싫어합니다. 타로카드 놀이를 하기 전에 주변을 깨끗하게 정리하고, 보관할 때도 깨끗한 장소에 보관해 주세요.

또한 타로카드는 깨끗한 손을 좋아합니다. 반대로 더러운 손은 매우 싫어합니다. 카드를 만질 때는 카드의 몸이 더러워지지 않도록 손을 깨끗이 씻어 주세요.

### 부드러운 손길

타로카드는 부드러운 손길을 좋아합니다. 반대로 거친 손길을 매우 싫어합니다. 우리도 친구가 나를 대할 때 나를 세게 잡아당기거나, 밀치면 기분이 상하지요. 마찬가지로 타로카드도 타로카드를 던지거나 화가 나서 거친 손길로 카드를 대한다면 마음이 상한답니다. 타로카드를 만질 때는 아주 부드러운 손길로 만져 주세요. 카드의 몸이 구겨지거나 찢어지는 일이 없도록 항상 부드럽게 대해 주세요.

### 포근한 천

타로카드는 포근한 천을 좋아합니다. 반대로 천이 깔려 있지 않은 딱딱하거나 냉기가 흐르는 바닥은 매우 싫어합니다. 타로카드와 함께 놀이를 할 때는 꼭 바닥에 포근한 천을 깔아 주세요.

### 진실한 마음

타로카드는 진실한 마음을 좋아합니다. 반대로 거짓된 마음은 싫어합니다. 타로카드 앞에서는 거짓말은 하지 않도록 우리 서로 약속해요. 항상 서로 진실한 마음으로 만남을 가지기로 해요.

### 편안히 쉴 수 있는 상자

타로카드는 78장의 카드가 쏙 들어갈 수 있는 상자(카드의 몸이 구겨지지 않기 위해)를 좋아합니다. 반대로 카드가 휴식을 취할 때 상자가 없이 카드의 몸이 흩어지는 것을 싫어합니다. 그러니 카드를 쉬게 할 때는 78장의 카드가 한곳에 있고, 몸이 구겨지지 않도록 몸에 맞는 단단한 상자 속에 잘 넣어 주세요. 사랑하는 친구가 와서 카드 마음에 든다고 몇 장을 달라고 해도 절대 주면 안 됩니다. 타로카드는 78장이 한곳에 있어야 해요. 우리가 팔, 다리, 머리를 분리할 수 없듯이, 타로카드도 78장을 분리할 수 없어요. 모두 한곳에 있도록 해 주세요. 아니면 카드는 매우 슬퍼할 거에요.

CHAPTER 2

# 아이들의 상처치유는
# 빠를수록 좋다

　　문은 상처가 많은 아이였어요. 저희
부모님이 나빠서나, 특별한 경험으로 인해서가 아니라 지금 생각
하면 소통의 단절로 인한 상처였던 거 같아요. 문은 다섯 자매의
둘째였고, 엄마와 아빠는 늘 바빴어요. 엄마는 맏며느리였으며,
결혼하자마자 갓난아기인 막내 삼촌을 할머니 대신 아들처럼 키
워야 했어요. 이후 저희 다섯 자매까지 태어났어요. 할머니, 할아
버지까지 모시며 이 모든 사람들을 돌봐야 했지요.

그러니 당연히 자식과 깊은 대화를 할 수 있는 여유가 없었습니다. 저를 제외하고 나머지 네 자매는 이러한 저의 집안의 사정을 모두 받아들이며 행복한 시간을 보냈지만 저는 어릴 때부터 이렇게 바쁜 부모님에 대해 불만이 많았어요. 늘 엄마를 쫓아다니며 대화를 하려 했고, 그러한 대화는 문을 충족시키지 못했어요. 그렇게 어린 시절을 보내면서 늘 불만을 말하고, 부정적인 생각을 많이 하는 아이로 자랐어요.

그리고 초등학교 3학년 때, 아버지의 일로 인해 산속에 살게 되었는데 산속에 사는 것이 부끄러워 친구들에게 거짓말을 하며, 나를 숨기는 그런 아이가 되었어요. 그러니 당연히 친구도 많이 없었겠죠. 이렇게 솔직하지 못한 행동은 문을 자신감이 없는 아이로 만들었고, 늘 주변과 고립된 아이로 만들었어요. 혼자서 많이 울기도 하고, 이상한 행동도 하고, 물건을 부수고 던지는 행동도 많이 했지요. 아동심리를 공부한 지금, 어린 문을 보았을 때 어린이 우울증 증상을 보였던 거 같아요. 그러나 아무도 나의 마음이

어떤지 물어봐 주지 않았고, 왜 이상한 행동을 하는지 묻지 않았어요. 그냥 '예민한 아이'로 낙인만 찍혔지요. 문은 답답했고, 문조차 무엇이 원인인지 알 수 없었답니다. 힘들 때마다 문의 유일한 치유는 밤마다 혼자 일기를 쓰거나 혼자서 글을 쓰는 등 글쓰기였습니다.

문은 성인이 될 때까지 그렇게 자라났습니다. 그러던 중 '표현예술치료'라는 학문을 접하면서 대학원에 들어가 여러 심리치료 프로그램을 경험하고 공부하면서 제 상처가 너무 곪아있다는 걸 알게 되었습니다. 심리치료 프로그램 속에서 처음으로 내 상처에 대해서 사람들과 대화하고 나 자신과 주변을 인정하기 시작하면서 문은 변하기 시작했어요. 당연히 삶에 대한 자신감도 생기고 몇십 년 동안 마음에 달고 살았던 부정적인 그림들이 점점 긍정적인 그림들로 변화되어 가기 시작했지요. 그 치유의 힘은 '공감과 이해'였습니다. 내 아픈 마음을 다른 사람들이 공감을 하고, 이해를 하며, 나 자신 또한 나를 이해하게 되었습니다. 그때 문은 '아, 내가 조금만 더 일찍 치유되었더라면 얼마나 좋았을까?' 그 상처로 인해 나의 아름다웠던 청춘을 어두운 물감으로만 색칠하며 지내왔다는 사실을 알았을 때는 정말 너무도 슬펐습니다. 하지만 지금이라도 치유의 경험을 하였으니 앞으로의 내 삶의 색을 어둡게 색칠하지 않겠노라고 다짐했지요. 그리고 그때, 상처치유는 빠르면 빠를수록 좋다는 것을 깨달았습니다.

　상처라는 것들은 엿가락처럼 들러붙는 성질이 있어서 최초의
상처는 다음의 상처에 들러붙고, 이 들러붙은 상처들은 우리들의
정신세계에 작용하여 상처가 되지 않을 것들도 상처로 만들어버
리는 그러한 힘이 있습니다.

　또한 상처는 우리를 현재에 있지 못
하고 과거에 머물도록 합니다. 우리는
문제를 만났을 때 그 문제를 해결하려
는 욕구가 일어납니다. 그 욕구가 충족
되지 못했을 때 우리의 마음과 무의식

은 계속 그 욕구에 집착하게 되어 현재에 일어나는 일들에 사용
해야 할 에너지를 그러한 집착에 사용하게 되지요. 어른들은 이러

한 자신의 상황을 알아차릴 수 있는 각종 치유방법을 찾아갈 수 있는 힘이 있으나 아이들은 가르쳐 주지 않으면 그 힘을 배울 수 없답니다. 그러니 아이들은 문제라고 느끼는 그 과거에 머무르게 되어 현실에서 즐겨야 할 것들을 올바르게 즐기지 못하고 과거에 머물러 있게 됩니다.

아이들이 지금 여기, 현재를 충분히 즐길 수 있도록 어른들은 도와야 합니다. 그것은 어려운 것이 아닙니다. 바로 관심을 가져 주고 이야기를 들어 주며, 그 아이의 마음을 이해해 주는 것입니다. 그것은 대화이며, 이 타로카드 놀이는 아이들에게 일어나는 많은 일들에 대해서 그들의 생각과 느낌을 밖으로 끄집어낼 수 있도록 도와줍니다.

　이러한 사실을 알고 있는 문은 우리가 어른이라면 아이들의 상처나 부정적인 사고는 미리 알고 그것을 바로잡아 준다면 그 아이의 삶은 축복받은 것이라고 생각합니다. 모든 아이들을 다 치유할 순 없지만 내 옆의 아이라면 문은 기꺼이 다가가 그 아이의 깨끗한 마음속에 자리 잡아 밝은 빛을 흐리는 그 검은 알갱이를 뽑아내고 싶어요.

　문은 이 책을 오로지 아이들의 치유를 위한 목적으로 만들었습니다. 어른들이 아이들에게 '치유자'의 역할로 다가가 상처가 없는 아이들에게는 즐거움을, 상처가 있는 아이들에게는 '치유'를, 자신감이 떨어진 아이들에게는 '자신감'을, 외로운 아이들에게는 '친구'가 되어 줄 수 있는 열쇠를 여러분에게 전해 주고 싶습니다.

CHAPTER 3

내 아이를 위하여
타로 상담가 되기

　　문이 소개하는 타로카드 놀이의 첫 번째 준비과정은 엄마들의 마음의 준비입니다. 내 아이를 위하여 타로 상담가가 될 준비입니다. 자, 준비되었나요?

　　아이들에게 누구보다 좋은 치료사는 부모님입니다. 아이들이 지금보다 행복해지도록 하기 위해서, 아이들이 지금보다 더 바른 행동을 하게 하기 위해서, 아이들이 지금보다 더 기분 좋게 공부를 하도록 하기 위해서, 아이들이 지금보다 더 밥을 잘 먹게 하기 위해서, 아이들이 지금보다 더 많이 웃을 수 있도록 하기 위해서 등 아이들의 변화를 위해서 부모님들의 마음이 필요합니다. 그래서 문은 부모님들이 멋진 타로 상담가가 되길 바랍니다. 그러기 위해서는 먼저 '상담가'로 변신을 해야겠지요? 상담가로 변신하기 위해서는 다음과 같은 마음의 준비를 해야 합니다. 지금부터 우리는 상담가의 원칙을 연습하면서 상담가로 변신해 갈 것입니다.

## 1. 상담가는 아주 부드럽게 말합니다

우리는 아이들의 상담가입니다. 아이들에게는 아주 부드럽게 이야기해야 합니다. 누구보다도 부드러운 말투를 함께 연습해 보아요. (1분간 부드럽게 말하는 연습을 시작합니다.)

## 2. 상담가는 아주 잘 들어 줍니다

우리는 무조건 들어 줄 마음으로 타로카드 앞에 앉아야 합니다. 우리가 이야기하는 것보다 아이가 더 많은 이야기를 하도록 이끌고, 아무리 지루한 얘기를 하더라도 우리는 잘 들어 주어야 합니다.

## 3. 상담가는 반응을 잘해 줍니다

모든 상담가가 이야기에 반응을 잘해 주는 건 아니지만, 어린이한테는 무조건 반응을 잘해 주어야 합니다. 고개를 끄덕여 주거나, 재밌는 이야기를 할 때는 웃어 줍니다. 이야기를 들어 주면서 '어머나', '와우'와 같은 감탄사를 적절히 사용합니다. 평소에 무뚝뚝한 엄마였다면 지금부터 감탄사를 사용하는 연기 연습을 해 주세요.

## 4. 상담가는 화내지 않습니다

상담가는 내담자(상담을 받는 자)에게 화내지 않습니다. 타로카드 놀이 과정에서 엄마가 몰랐던 충격적인 이야기를 들어도 엄마는 절대로 화내지 않습니다. 자신도 모르게 흥분하거나 화를 냈다면 아이에게 이해를 시키고 다시 온화한 상담가로 돌아가세요.(평소 자신도 모르게 흥분하면 화를 잘 내는 엄마라면 지금부터 일상생활 중에서도 화가 나려는 순간에 심호흡을 5번 정도 하고 말을 하는 습관을 연습해 보세요.)

## 5. 상담가는 좋은 조언자입니다

상담가의 한 마디는 내담자(상담을 받는 자)에게 많은 영향을 미칩니다. 그러니 상담가의 조언은 매우 중요합니다. 엄마는 아이와 타로카드 놀이를 할 때는 아이의 나이로 돌아가서 생각할 줄 알아야 합니다. 엄마가 어렸을 때, 어떤 상황에 대해 어떻게 반응하고 생각했는지 아이와 함께 어린 시절 경험을 나누세요. 또한 고민이 있는 아이에게는 힘을 얻을 수 있는 희망적인 조언을 해 줄 수 있어야 합니다.(우리에게 힘이 되는 '명언'이나 '훌륭한 일화'들을 모아 노트를 만들어 놓으세요. 요리할 때 레시피를 보듯 타로카드 놀이를 할 때 이 '조언 노트'를 꺼내 보세요.)

## 6. 상담가는 비밀보장을 약속합니다

상담가는 어떠한 경우라도 내담자(상담을 받는 자)의 이야기를 타인에게 하지 않습니다. 엄마 상담가는 아이에게 언제나 비밀이 보장됨을 알려주어 아이가 더욱 편안하게 이야기할 수 있도록 믿음을 주세요.

자, 이제 여기까지 준비가 되었다면 여러분들은 상담가의 자질을 모두 갖추었습니다. 이제 여러분들은 단순히 그냥 상담가가 아니라 **타로 상담가**가 되어야겠죠? **타로 상담가**가 되려면 타로카드를 잘 다루어야 합니다. 상담가의 마음으로 타로카드를 손에 들고 문이 알려주는 대로 타로카드를 다루어보세요. 타로카드를 다루기 위해서는 서플(Shuffle)이 어떤 것인지 알아야 하고, 카드에 담겨있는 상징 키워드(이 상징 키워드는 춤의문 타로카드 놀이에서 사용되는 키워드입니다. 원래 타로카드가 지닌 키워드와는 다릅니다.)를 알아야 합니다. 그게 무슨 말이냐고요? 자, 따라오세요. 이제 그 방법들을 소개하겠습니다.

CHAPTER 4

타로카드
놀이 준비

이제 본격적으로 타로카드 놀이 준비를 해 볼까요? 아래에 문이 타로카드 놀이에 필요한 것들을 정리했어요. 이 모든 것들의 준비가 완성되면 타로카드 놀이를 시작할 수 있습니다. 너무 복잡하다면 준비하다가 멈추고 싶겠죠? 복잡하지 않으니 걱정하지 마세요.

## 환경정리

타로카드 놀이를 할 장소는 조용해야 합니다. 둘만의 대화만이 공간의 침묵을 깰 수 있어야 합니다. 타로카드 놀이 중 전화가 울리거나, 가스레인지에 올려놓은 찌개가 넘치는 걸 걱정해야 하는 환경은 좋지 않겠지요? 아주 조용하고 편안한 공간에서 놀이를 해 주세요. 분위기를 위해 아이와 엄마가 좋아하는 예쁜 양초를 켜 두고 하는 것도 좋아요. 그리고 주위가 산만하지 않게 주변을 깨끗하게 청소해 주세요.

## 준비물

타로카드, 스프레드 천, 스케치북, 색연필, 타이머

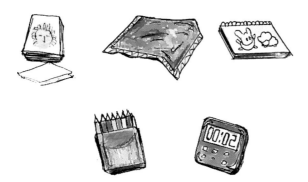

**타로카드:** 타로카드 종류는 어마어마하게 많아서 타로카드를 배우지 않으면 선택하기가 매우 어려워요. 여기서는 문이 추천하는 세 가지 중 하나를 준비하세요. 하나는 라이더 웨이트 타로카

드이고, 다른 하나는 유니버설 웨이트 타로카드입니다. 이 카드는 타로카드를 처음 본 사람도 카드의 그림을 쉽게 이해할 수 있어서 좋아요. 그리고 다른 하나는 델로스 타로카드인데요, 웨이트 타로카드의 그림 내용과 같지만 카드의 주인공들이 너무 멋있고 예뻐서 아이들이 좋아한답니다.

그리고 또 한 가지 알아야 할 점은 이 카드들은 점을 볼 때 정방향(그림이 똑바로 되어 있는 상태), 역방향(그림이 위아래가 바뀐 상태)을 모두 해석을 한답니다. 그러나 우리 엄마들이 배우는 타로카드 놀이에서는 정방향만 해석하니 타로카드 놀이 중 그림이 뒤집혀서 나오더라도 정방향으로 돌려서 다루어 주세요.

**스프레드 천:** 스프레드 천은 타로카드가 잘 펼쳐지고 미끄러지지 않도록 도와줍니다. 타로카드 전용 스프레드 천을 구입해도 되고, 집에 있는 작은 이불이나 무릎 담요 등을 사용하면 됩니다. 카드놀이가 가능한 천이라면 가능하답니다.

**스케치북과 색연필:** 타로카드 놀이를 하다가 아이가 이야기한 내용을 그림으로 그려볼 수도 있고, 놀이 중 그림이 필요할 때 언제든 사용할 수 있도록 준비해 두면 유용하게 사용할 수 있답니다.

**타이머:** 아이들과 타로카드 놀이 하기 전 시간 약속을 꼭 하세요. 40~60분 정도가 적당할 거예요. 만일 시간 약속을 하지 않는

다면 이야기에 신이 난 아이가 엄마를 놓아주지 않아 마트 갈 시간을 놓치거나 엄마의 휴식시간을 잃게 되겠지요.

## 셔플(Shuffle) 연습

서플(Shuffle)은 과연 무엇일까요? 서플은 카드놀이를 하기 전에 카드를 섞는 행위를 말한답니다. 우리 엄마들, 어렸을 때 한 번쯤은 포커나 고스톱 해 봤지요? 그때 직접 서플을 해 본 분들도 계시고, 아니면 옆에서 지켜보기만 했던 분들도 계실 거예요. 이제 지켜보는 건 안 되고요, 우리 모두가 이 셔플을 연습해야 합니다. 타로카드 놀이에서는 카드를 섞는 것도 중요하지만 펼치는 것이 더욱 중요합니다. 그러니 타로카드 놀이 하기 일주일 전부터 엄마들은 서플 연습과 카드 펼치기 연습에 매진해야 합니다. 정말 잘 펼친다면 아이는 엄마를 마술사처럼 생각하고 잘 따를 거예요. 그리고 잘하게 되면 스스로도 만족하실 거예요.

그럼 어떻게 해야 할까요? 서플은 아주 쉽답니다. 그냥 다른 카드 섞을 때처럼 그냥 여러 번 섞으면 되어요. 타로카드 놀이에서는 모두 정방향을 사용할 것이기 때문에 편안하게 여러 번 섞는 것을 연습하면 됩니다. 다른 카드게임에서 사용하는 카드보다 타로카드는 크기가 조금 더 커서, 카드의 크기가 자신의 손에 익숙해질 때까지 서플 연습을 해야 해요.

문제는 펼치기입니다. 문이 초보일 때는 펼치기 연습만 하루에 3시간을 한 적이 있습니다. 문이 카드를 펼칠 때 멋있게 보이고 싶었거든요. 그래서 지금은 아주 잘한답니다. 이 방법을 글로 설명하기는 조금 힘듭니다. 사람마다 손 사용법이 다르고 각자 자신의 방법이 있으니까요. 몇 가지만 설명하면 펼치기를 하실 때는 카드 전체를 천 왼쪽에 두시고 오른쪽 방향으로 타원형이 되게 펼쳐주세요. 처음 하실 때는 손가락 힘 조절을 못하기 때문에 카드 몇 장이 겹쳐져서 펼쳐지거나 한 번에 쫘악 펼쳐지지 않고 듬성듬성 펼쳐질 거에요. 손가락의 힘을 빼고 여러 번 아주 여러 번 계속 펼치기 연습을 하세요. 카드가 손에 익게 되고 어떤 경우 카드가 뭉쳐지고 풀리는지 알게 되면 자연스럽게 펼치기는 완성된답니다. 연습, 연습, 또 연습을 추천합니다.


### 셔플 연습 순서

① 카드를 바닥에 놓고 시계 방향으로 원을 그리듯 섞습니다.

② 다 섞은 카드를 하나로 합쳐 가지런히 놓습니다.

③ 다 합쳐진 카드를 손으로 셔플합니다.

④ 셔플이 끝난 카드를 옆으로 길게 펼칩니다.

# 타로카드
# 놀이 방법

　　이제 타로카드 놀이를 할 준비가 모두 끝났으니 지금부터 타로카드 놀이 방법을 알려드리겠습니다. 놀이방법은 매우 간단합니다. 타로카드 놀이에서 가장 중요한 것은 질문과 대답입니다. 놀이 방법은 간단하지만 그 질문과 대답은 우리 마음의 이야기가 포함된 상징의 교류로써 이 놀이는 엄마와 아이가 심리적으로 더욱 가까워지는 데 큰 역할을 할 것입니다.

### 놀이 1 - 마음속 여행

　　① 먼저 준비된 공간에 스프레드 천을 깔고 타로카드를 앞에 놓으세요. 엄마와 아이는 함께 스프레드 천을 사이에 두고 서로 마주 앉습니다.

　　② 엄마는 아이에게 아이의 마음속을 여행해 보자고 제안하세요.

③ 엄마는 아이에게 자신의 마음속에 무엇이 있는지 상상해 보라고 한 뒤, 엄마는 서플을 합니다. 당연히 그림이 보이지 않게 그림이 아래를 향하도록 하고 서플을 합니다. 연습한대로 서플을 끝내고 서플한 카드를 천 위에 넓게 펼칩니다. 한 번에 멋지게 펼친다면 아이가 무척 좋아할 거예요.

④ 엄마는 아이에게 펼쳐진 카드 중에 세 장의 카드를 왼손으로 뽑도록 하세요. 왼손으로 뽑는 이유는 늘 사용하는 오른손은 의식의 영역에 많이 닿아 있으니 무의식의 영역과 가까운 왼손으로 뽑게 하세요. 만일 아이가 왼손잡이라면 오른손으로 선택하도록 권하세요.

⑤ 아이에게 받은 카드는 엄마 앞에 그대로 뒤집어 놓고 세 장이 다 모이면 천천히 그림이 나오도록 뒤집어 보세요.

⑥ 엄마는 선택된 카드를 보고 다음 장에 문이 제시한 카드에 따른 질문을 아이에게 합니다.

⑦ 질문을 받은 아이는 엄마에게 하고 싶은 이야기를 합니다.

⑧ 이야기를 들은 엄마는 엄마의 생각과 느낌을 아이에게 이야기해 줍니다.


'마음속 여행' 놀이에서는 타로카드가 아이들의 마음을 비추는 거울 역할을 합니다. 엄마는 그 거울을 보고 지금 이 순간에 아이에게 가장 필요한 이야기를 마음속에서 꺼내어 바깥 세상으로 보내 줍니다. 이런 과정은 아이들의 마음이 정화될 수 있는 기회가 될 것입니다.

## 놀이 2 - 스토리텔링

① 엄마는 카드 셔플을 한 다음 한 장씩 카드를 스프레드 천 위에 놓으며 아이에게 마음에 드는 카드나 느낌이 가는 카드가 있으면 'STOP'을 하도록 안내합니다.

② 선택된 카드는 옆에다 두고, 1번의 방법을 반복합니다.

③ 카드를 다 보여 준 후 'STOP'으로 선택된 카드를 모아 봅니다.

④ 엄마는 아이에게 선택된 카드를 순서대로 나열하도록 시간을 줍니다.

⑤ 나열된 카드로 엄마는 아이에게 순서대로 그림을 보고 이야기를 만들어보도록 합니다.
  - 카드가 한 장일 경우: 한 장의 카드에서 일어난 일을 이야기로 만들어 봅니다.
  - 카드가 2장일 경우: 2장의 카드에서 일어난 일을 이야기로 만들어 봅니다.
  - 카드가 3장일 경우: 3장의 카드에서 일어난 일을 이야기로 만들어 봅니다.
  - 카드가 4장일 경우: 4장의 카드에서 일어난 일을 이야기로 만들어 봅니다.
  - 카드가 5장 이상일 경우: 선택한 카드가 5장을 넘지 않도록 카드를 추려냅니다. 이야기는 간단할수록 좋습니다.

⑥ 엄마는 아이가 만든 이야기를 적어서 기록해둡니다. 아이의 이야기 노트를 만들어 보세요.

⑦ 엄마는 아이가 만든 이야기에서 궁금한 점을 질문합니다.

⑧ 아이의 스토리텔링이 끝나면 엄마도 이 같은 방법으로 카드를 선택하여 스토리텔링을 합니다. 엄마가 만드는 기막히고 재미있는 이야기를 아이에게 들려 주세요. 세상에서 제일 재밌는 동화가 탄생할 거예요.

우리가 만드는 이야기는 우리의 의식과 무의식의 조합으로 이루어집니다. 100명의 사람이 한 장의 그림을 보고 100가지의 이야기를 만들어 낼 수 있겠지요. 100명이 만든 이야기에는 각각 그 사람의 삶의 스토리가 묻어 있습니다. 이렇듯 아이는 세상에 없는 이야기를 창작해 내는 듯하지만 결국 자신의 마음속에서 일어나는 일들이 그대로 스토리텔링에 반영이 됩니다. 스토리텔링을 통해 재미난 이야기를 창작해 내는 창조활동으로 끝나도 좋고, 아이의 심리에 관심이 좀 더 있다면 스토리텔링에서 창작된 이야기 속에서 숨은 그림을 찾듯 아이의 심리를 찾아 보세요. 아이를 이해하는 데 많은 도움이 될 것입니다.

## 놀이 3 - 서로의 마음 알아보기

① 타로카드를 두 부분으로 나누어서 엄마가 반, 아이가 반을 가집니다.

② 서로 자신이 가진 카드를 서플합니다. 아이는 이때 엄마에게 서플에 대해 배우게 되지요.

③ 서플한 카드는 각자 앞에 길게 펼칩니다. 엄마는 길게 펼쳐진 카드 앞에서 서로의 마음속으로 들어가는 상상을 하자고 합니다. (문은 아이에게 이제 문을 열고 엘리베이터를 타고 우리의 마음속 깊이 들어간다고 안내하곤 합니다. 3층에서 2층, 2층에서 1층, 1층에서 지하 1층으로, 그리고 더 깊이 내려가자고 합니다. 엄마들은 각자 다양한 수단을 이용하여 마음속 깊이 아이들을 데리고 가보세요.) 마음 깊은 곳에 도착한 후, 엄마가 서플한 카드에서 아이가 한 장, 아이가 서플한 카드에서 엄마가 한 장 뽑아서 서로에게 건네줍니다. 즉, 아이가 뽑은 카드는 엄마가 가지게 되고, 엄마가 뽑은 카드는 아이가 가지게 됩니다.

④ 서로 건네받은 카드를 보고, 순서를 정하여 서로 질문을 합니다. 질문은 다음과 같습니다.

**질문: 당신의 마음속에는 ○○이 있습니까?**

이때 동그라미 안에 들어갈 단어는 어떠한 것도 좋습니다. 카드 그림에 있는 것을 물어도 좋고, 카드를 보고 느껴지는 느낌을 물어봐도 좋습니다.

⑤ 대답하는 사람은 'YES' 또는 'NO'로 대답해 주고, 그 대답에 대해 질문자가 궁금한 것이 있다면 다시 질문을 합니다.

⑥ 서로 한 번씩 차례를 지키며 묻고 답하기를 합니다.

**예시 1)** '별'이 그려진 카드를 받은 아이가 엄마에게,

아이: 당신의 마음속에는 '별'이 있습니까?

엄마: 네, 있습니다.

아이: 그 별의 이름이 무엇인가요?

엄마: 별의 이름은 그리움입니다.

아이: 왜 별의 이름이 그리움인가요?

엄마: 돌아가신 할머니가 그리워서 제 맘속의 '별'로 만들어 두 었어요.

**예시 2)** '지구본'이 그려진 카드를 받은 엄마가 아이에게,

엄마: 당신 마음속에 '지구본'이 있습니까?

아이: 아니요, 없습니다.

엄마: 당신 마음속에 '지구 어딘가에 가고 싶은 마음'이 있습니까?

아이: 네, 있습니다.

엄마: 그곳이 어디입니까?

아이: 주말에 놀이공원에 꼭 가고 싶습니다.


이 놀이는 서로가 마음속에 존재하는 것들을 공유함으로써 서로를 지금보다 잘 이해할 수 있도록 엄마와 아이를 이어주는 '마음 다리' 역할을 할 것입니다.

## 놀이 4 - **우리만의 놀이 방법**

아이와 함께 '우리만의 놀이 방법'을 직접 만들어 보세요. 아래 공간을 아이와 함께 채워 봅시다.

① 

② 

③ 

④

CHAPTER 4-❷

타로카드별
놀이 주제

우리 엄마들은 타로카드의 전형적인 키워드를 외울 필요가 없어요. 알 필요도 없답니다. 단지 그림을 보고 상징되는 개념을 이용하여 아이와 이야기 놀이를 하면 된답니다. 그러나 가이드가 없으면 상징 개념을 찾는데 힘이 들 수 있으니 문이 놀이할 때 필요한 개념들을 정리하였어요.

타로 놀이는 타로점을 볼 때의 개념과는 완전히 다른 상징에 따른 심리적 접근 개념이에요. 그리고 꼭 문이 제시하는 상징 개념을 따를 필요는 없답니다. 그림을 보고 떠오르는 글자나 문장을 이용하여 엄마의 직관을 최대한 활용하여 아이에게 질문하면 됩니다.

서플을 한 다음, 다음의 카드들이 나오면 문이 제시한 주제에 대해서 아이와 함께 이야기하며 놀이를 시작해 보세요. 78장의 카드가 모두 다른 주제라면 엄마들이 놀이를 진행하기에 너무 복잡하겠죠? 그래서 반복되는 주제일 경우 내용과 질문을 똑같이 기록해 놓았어요. 다시 말하지만, 엄마들은 숫자와 카드의 이름을 전혀 신경 쓰지 않아도 돼요. 단지 그림에만 집중합니다. 질문에 등장하는 이름은 문이 좋아하는 과일인 '딸기'라고 정할게요.

그리고 또 한 가지 엄마가 알아 두어야 할 것은 아이들은 질문에 모두 대답하지 않는답니다. 그래서 아이가 카드를 선택하였지만 대답하기를 꺼리거나 관심 없어 하는 주제라면 억지로 이야기하도록 하지 말고, 선택한 카드는 덮어 두고 새로운 카드를 뽑거나 좋아하는 주제로 먼저 이야기를 나누세요. 아이들을 심리적으로 편안하게 해 주는 게 이 놀이의 목적이니까요. 엄마가 알고 싶은 것을 말하게 하는 놀이가 아니랍니다.


## 타로카드 구성

이 책에서는 '델로스 타로카드' 그림 중심으로 설명하겠습니다. 타로카드에는 **메이저 아르카나**(Major Arcana) 카드와 **마이너 아르카나**(Minor Arcana) 카드 두 가지로 이루어져 있습니다. 여기서 아르카나는 '비밀'이라는 라틴어입니다. 그림 속에는 어떤 비밀들이 숨어있는 걸까요?

메이저 아르카나는 22장의 카드로 구성되어 있고 마이너 아르카나 카드는 56장의 카드로 이루어져 있습니다. 즉, 카드의 수는 총 78장입니다. 각각의 카드에 대해 자세히 알아봅시다.

여기서 마이너 아르카나는 4가지 요소로 이루어져 있는데 Sword(검), Wand(장대), Pentacle(별), Cup(컵)으로 이루어져 있습니다.

**Major Arcana**
 - 0 The fool~21 The world: 22장

**Minor Arcana**
 - Sword(14), Wand(14), Pentacle(14), Cup(14): 56장

### 메이저 아르카나 카드 주제

먼저 메이저 아르카나 카드의 주제부터 살펴볼게요. 메이저 카드는 0~21번까지의 번호가 있답니다. 즉, 카드는 총 22장입니다.

0 - The Fool: 여행

**엄마의 질문:** 딸기는 지금 여행을 간다면 어디로 가고 싶나요?

**Tip:** 질문 후 엄마는 이야기를 들어 주며 그곳에서 하고 싶은 것, 그곳에 가고 싶은 이유, 누구와 함께 가고 싶은지에 대한 심층 질문을 합니다.

**1 - The Magician: 재능**

**엄마의 질문:** 딸기는 무엇을 잘하고 싶나요? 또는 딸기는 학교에서 무엇을 할 때 가장 즐겁나요?

**Tip:** 아이가 잘하고 싶은 것이 있는데 현재 잘 못하고 있는 경우, 앞으로 그것을 잘하기 위해 엄마와 함께 계획을 세워보는 것이 좋아요. 반드시 아이가 실천 가능한 쉬운 계획을 세우기를 바랄게요.

**2 - The High Priestess: 검은 생각 상자와 하얀 생각 상자**

**엄마의 질문:** 우리 마음속에는 검은 생각 상자와 하얀 생각 상자가 있는데 딸기의 상자는 이 두 상자 중 어떤 상자가 더 크나요?

**Tip:** 엄마는 사람에게는 모두 마음속에 검은 생각 상자와 하얀 생각 상자가 있다는 걸 알려주고 검은 생각 상자에는 나쁜 기억,

불안한 것, 미운 거, 화나는 것, 짜증 나는 것들이 들어있고, 하얀 생각 상자에는 행복한 기억, 사랑하는 사람, 좋았던 일, 즐거웠던 일들이 들어있다는 걸 알려 주면 아이는 재밌어합니다.

엄마는 동화 구연하듯 이 상자에 대해서 재밌게 이야기를 해 주면 아이는 자신의 이야기를 하기 전 편안한 마음을 가질 수 있겠죠? 또한 엄마의 검은 생각 상자에 뭐가 있는지, 하얀 생각 상자에는 뭐가 있는지에 대해서 서로 이야기한다면 아이와 심리적인 거리가 더 가까워질 수 있겠죠?

**3 - The Empress: 만족감**

**엄마의 질문:** 딸기의 현재 생활에서 가장 행복한 일(즐거운 일, 기쁜 일)이 무엇인가요?

**Tip:** 아이가 자신의 행복한 감정을 충분히 이야기할 수 있도록 시간을 많이 주세요.

### 4 - The Emperor: 황제, 천황, 왕

(이후 등장하는 왕 카드, 여왕 카드는 모두 이 질문을 따르기로 약속하고 질문을 통일하겠습니다.)

**엄마의 질문:** 딸기가 만일 한 나라의 왕이 된다면 무엇을 가장 하고 싶나요?

**Tip:** 이야기를 잘하는 아이들은 이런 질문에 서슴없이 이야기하지만, 상상 속의 일이라 잘 이해하지 못하는 아이를 위해 동화처럼 왕이 된 모습을 상상하게 한 후 한 가지 또는 두 가지 정도 이야기할 수 있도록 안내하세요.

### 5 - The Hierophant: 내 말을 잘 들어 주는 편안한 사람

**엄마의 질문:** 딸기에게 힘든 일이 있을 때 '이 사람'에게는 이야기하고 싶다는 생각이 들 정도로 마음이 편안한 사람이 있나요?

그 사람은 누구입니까?

   Tip: 현재 아이에게 심리적으로 고마움을 주는 사람을 알 수 있게 됩니다. 여기서 엄마가 조심해야 할 것은 '엄마'라고 말할 줄 알았는데 '아빠'라고 하거나 생각지도 못한 사람이 등장할 수 있어요. 엄마가 아니더라도 실망하지 마세요.

**6 - The Lovers: 사랑**

   **엄마의 질문:** 딸기는 가장 좋아하는(사랑하는) 사람이 누구인가요?(이성과 동성 모두)

   Tip: 엄마는 제외라고 미리 알려주는 것이 좋습니다. 이유는 아시죠? 그리고 좋아하는 이유와 같이 하고 싶은 것들도 함께 이야기하도록 안내해 주세요.

**7 - The Chariot: 도전하고 싶은 것**

   **엄마의 질문:** 딸기가 지금 하지 않고 있는 일들 중, 도전하고 싶

은 일은 무엇인가요?

Tip: 엄마가 과거에 도전했던 일들에 대한 이야기도 함께 나누면 좋습니다.

8 - Strength: 통제하고 싶은 사람

**엄마의 질문:** 이 그림의 소녀처럼 딸기가 누군가를 다룰 수 있는 힘이 있다면 제일 먼저 누구를 통제하고 싶나요?

Tip: '통제'라는 단어가 아이들에게 어려울 수 있어요. 쉽게 말해 내 맘대로 하고 싶은 사람이라고 설명해 주면 좋아요. 누군가의 언니나 형일 경우에는 '동생'이 될 수도 있고, 남자친구나 여자친구가 있는 아이라면 이성친구가 될 수도 있어요. 또한 엄마가 될 수도 있겠죠? 질문 후 이유도 꼭 물어보세요.

9 - The Hermit: 신중하게 고민하는 일들

**엄마의 질문:** 딸기는 지금 진지하게 고민하고 있는 일들이 있나

요? 만일 있다면 그것은 무엇인가요?

Tip: 아이가 이야기를 한다면 그 고민에 대해서 함께 해결방법을 신중하게 의논해 보세요.

**엄마의 질문:** 딸기는 어떤 운명의 사람이었으면 좋겠습니까?

Tip: 아이의 미래에 대해서 이야기를 나누는 시간입니다. 어떤 사람이 되고 싶은지 이야기 나누고 잘 알려진 훌륭한 사람들의 인생을 재미있게 이야기해 주면 좋아요. 이때 그 사람의 인생의 힘들었던 고비를 헤쳐 나간 이야기를 꼭 포함해서 이야기해 주면 아이에게 힘이 됩니다. 그리고 아이와 함께 아이의 운명 스토리를 영화 시나리오를 쓰듯 함께 '나의 운명 스토리'라는 노트를 만들어 보세요. 그리고 잘 보관한 뒤에 아이가 성인이 되면 보여 주세요. 재미도 있고, 의미 있는 일이겠죠?

**11 - Justice: 결정**

**엄마의 질문:** 딸기는 지금 스스로 결정을 내리고 싶은 일이 있나요?

**Tip:** 아이가 현재 선택해야 할 일이 있어서 고민 중이라면 함께 이야기 나누기에 정말 좋은 주제입니다. 엄마의 생각과 함께 이 주제의 이야기를 통해서 꼭 결정해 보세요.

**12 - The hanged man: 내가 힘들지만 참아내야 할 일**

**엄마의 질문:** 딸기는 지금 힘들지만 참고 견디는 일이 있다면 무엇인가요?

**Tip:** 친구와의 관계일 수도 있고, 학원 가는 일들, 학교 숙제, 가족에 대한 바람 등의 이야기가 나올 수 있어요. 아이가 그 부분에 대해 왜 힘든지에 초점을 맞추어 이야기함으로써 심리적으로 힘든 것들이 해소될 수 있도록 해 주세요.

**13 - Death: 하고 싶지 않은 일, 끝내고 싶은 일**

**엄마의 질문:** 딸기가 지금 그만두고 싶거나, 가장 하기 싫은 일은 무엇인가요?

**Tip:** 하기 싫은 이유와 하지 않을 경우 겪게 되는 부분도 함께 이야기한 후, 미래를 계획해 보세요. 엄마의 바람이나 여러 가지 이유로 당장 그만둘 수 없는, 예를 들면 학원 가는 문제일 경우 무엇이 힘든지, 하지 않으면 어떤 단점이 있는지에 대해 이해를 시켜 보세요. 그리고 괜찮다면 아이에게 기간을 정한 후 잠시의 휴식 기간을 주는 것도 좋습니다. 아이는 자신을 이해해 주는 엄마를 더욱 사랑하게 될 거예요.

**14 - Temperance: 절제**

**엄마의 질문:** 딸기의 버릇 중에서 가장 고치고 싶은 것이 있다

면 그것은 무엇입니까?

　**Tip:** 예를 들어 신체적으로 뚱뚱한 아이는 먹는 습관에 대해서 이야기할 수도 있어요. 친구들이 뚱뚱하다고 놀려서 살을 빼고 싶지만, 잘되지 않는다고 말한다면 엄마와 살이 찌는 한 가지 요소만 고쳐 보자고 계획을 세워 보세요. 일주일 동안 과자 안 먹기 또는 아이스크림 안 먹기 등. 숙제를 자꾸 안 하는 버릇을 고치고 싶어 한다면 잠들기 전 꼭 숙제하는 시간을 갖자고 제안해 보세요. 꼭 함께 노력하자고 해 주셔야 합니다.

15 - The Devil: 유혹

　**엄마의 질문:** 딸기는 부모님이나 선생님 모르게 규칙에 어긋나는 행동을 한 적이 있습니까?

　**Tip:** 상담가라면 몰라도 엄마에게 이런 일을 고백하기는 아이 입장에서는 끔찍할지도 몰라요. 이야기한 후 감당해야 할 일들에 대한 불안감을 아이들은 가지고 있겠죠? 평소 규칙에 철저하고 무서운 엄마라면 더더욱 그럴 거예요. 질문 전에 엄마의 어릴 적 이야기를 해 주세요. 엄마가 어렸을 때 할머니 몰래 한 일들이요. 아주 흥미롭게 들을 거예요. 이후 아이는 엄마 몰래 불량식품 사 먹은 이야기, 엄마 몰래 학원 땡땡이친 일 등을 말할 수 있을 거예요. 이때 절대 화내면 안 됩니다. 용서할 마음으로 질문해야 합니다. 혹시나 화가 날 가능성이 있다면 이 카드는 아이가 선택했다고 하더라도 엄마는 살짝 카드를 덮어 두세요. 엄마는 이 카드 이야기는 다음에 듣고 싶다고 하고요.

## 16 - The Tower: 나의 노력이 수포로 돌아간 일

**엄마의 질문:** 딸기는 자기가 노력했는데 그 노력이 헛수고로 되어버린 일이 있었나요?

**Tip:** 아이가 노력했는데 칭찬받지 못했거나, 친구들이 놀렸거나 또는 여러 가지 이유로 인정을 받지 못했을 때 아이에게 그 일이 상처로 남아 있을지도 모릅니다. 이 주제에 대해서 이야기를 한다면 지금도 늦지 않았어요. 그때로 돌아가서 아이의 노력에 대해 진심으로 칭찬해 주세요.

**17 - The Star: 인정받고 싶은 일**

**엄마의 질문:** 딸기는 어떤 부분에서 별처럼 반짝반짝 빛나고 싶은가요?(인정받고 싶나요?)

**Tip:** 즉, 어떤 일에 칭찬을 받고 싶은지에 대해서 이야기 나누세요. 또한 어떤 일을 잘하고 싶은지에 대해서 물어보세요. 내가 만일 유명해진다면 어떤 부분에서 유명한 사람이 되고 싶은지 물어보세요. 그리고 엄마의 어렸을 적 장래희망에 대해서 이야기해 주면 좋아할 거예요.

"엄마는 어렸을 때 배우가 되고 싶었어. 왜냐하면⋯."

**18 - The Moon: 듣고 싶지 않은 말**

**엄마의 질문:** 딸기는 엄마나 아빠나 선생님이나 친구들에게 듣고 싶지 않은 말이 있다면 그것은 무엇인가요?

**Tip:** 그림을 보면 '게'가 물에서 스멀스멀 올라옵니다. 이 물은 무의식이라고 생각하세요. 그리고 이 두 존재는 아직 무의식의 이야기를 들을 준비가 되어 있지 않은 상태입니다.

이 질문을 통해 아이의 예민한 부분에 대해서 알 수 있어요. 혹시 엄마에게 듣고 싶지 않은 말을 알려 준다면 엄마는 이유를 함께 들어보고 꼭 아이에게 하지 않도록 노력해 보세요.

만일 친구들에게 듣고 싶지 않은 말을 자주 듣는다면 그 원인에 대해서 함께 이야기 나누고 해결방법을 찾아보세요. 이유 없이 친구들이 놀리는 거라면 엄마가 해결방법을 찾아야겠죠? 쉽지 않은 부분이에요. 왕따를 당하는 아이는 친구들이 이유 없이 "싫어."라고 하거든요. 그렇다고 왕따시키는 아이들을 다 찾아다니면서 하지 말라고 말할 수 없는 상황이잖아요. 그래서 우리는 아이가 그런 말을 들었을 때 그 말을 듣고 그 말을 쓰레기통에 버릴 수 있도록 힘을 주어야 합니다. 엄마와 재미있는 '주문'을 만들어 보아도 좋아요. 친구들에게 이유 없이 나쁜 소리를 들었을 때 엄마와 아이만 아는 주문을 외우게 해 보세요. 그 순간은 아이는 혼자가 아니잖아요. 주문은 재밌을수록 좋아요. '수리수리 마하수리', '수호천사 뿅!' 이런 주문을 외우면 수호천사가 나타나서 마음에 약을 발라주는 거죠. 물론 이런 주문이 필요하지 않게 왕따 당하는 아이가 없었으면 좋겠네요.

## 19 - The Sun: 신나고 행복한 기억

**엄마의 질문:** 딸기가 지금도 생각하면 신나고 행복한 기억이 있다면 그것은 무엇인가요?

**Tip:** 행복한 기억은 그 추억을 생각만 해도 행복해 지잖아요. 아이가 그때의 기억을 행복하게 풀어놓을 수 있도록 충분한 시간을 가지세요. 그리고 엄마도 행복한 기억에 대해서 아이에게 들려주세요.

## 20 - Judgement: 신나는 파티

**엄마의 질문:** 딸기가 아주 멋진 곳에서 파티를 열게 됩니다. 누구를 초대해서 어떤 파티를 열어 볼까요?

**Tip:** 엄마와 신나는 상상으로 이야기하는 동안 행복한 시간을 가지세요. 누구를 초대할 것인지, 어떤 음식을 준비할 것인지, 옷은 어떻게 입을 것인지, 함께 모여서 어떤 놀이를 할 것인지에 대해서 이야기해 보세요. 그리고 이 상상을 조금 축소해서 실제로 작은 파티를 한 번 열어 보세요. 얼마나 신날지 생각만으로도 즐거워지지 않나요? 아이의 상상을 실제로 이루어 줄 수 있는 엄마는 정말 멋질 것 같아요.

## 21 - The World: 완성, 목표의 도달

**엄마의 질문:** 딸기가 어떤 목표를 정해서 완성하고 싶은 일이 있다면 그것은 무엇인가요?

**Tip:** 이 카드가 나오면 목표를 하나 정해서 어느 기간 동안 완성해 보는 게임을 만들어 보세요. 그런데 이 목표가 엄마가 원하는 것이 되면 안 되겠죠? 아이가 원하는 재밌는 목표여야 합니다. 어떤 일을 완성해가는 과정을 연습할 수 있는 좋은 기회가 될 거예요. 완성했을 경우 보상은 엄마가 알아서 정하면 됩니다. 만일 완성하지 못했을 때는 이 게임이 종결될 때 재밌는 벌칙도 만들어 보세요. 엄마와 함께하는 '완성 게임' 재밌을 거 같아요. 뭐가 좋을까요? 퍼즐 게임?

## 마이너 아르카나 카드 주제

다음은 마이너 아르카나 카드입니다. 마이너 아르카나 카드는 총 56장의 카드입니다. 이 카드는 4가지 요소로 이루어져 있는데, Sword(검), Pentacle(별), Wand(장대), Cup(컵)입니다. 이후 이 요소들이 등장할 때는 한글로 번역하지 않고 Sword는 '소드', Pentacle은 '펜타클', Wand는 '완드', Cup은 '컵'으로 표기할게요.

각 요소에는 왕과 여왕, 기사와 소년이 등장합니다. 즉, 4가지 요소이기에 왕은 4명, 여왕도 4명, 그리고 4명의 기사와 소년이 나오지요. 여기서 4명의 왕과 4명의 여왕이 나오기에 간단하게 정리하기 위해 왕과 여왕은 같은 주제로 묶어 같은 질문을 하도록 해 두었습니다.

<마이너 아르카나 1 - 소드(Sword) 주제>

King Of Swords(소드 왕): 왕

**엄마의 질문:** 딸기가 한 나라의 왕이 된다면 어떤 나라의 왕이 되어 무엇을 하고 싶나요?

**Tip:** 아이가 새로운 왕국을 건설하여 멋진 왕의 역할을 하는 상상을 할 수 있도록 이끌어 주세요.

**엄마의 질문:** 딸기가 한 나라의 여왕이 된다면 어떤 나라의 여왕이 되어 무엇을 하고 싶나요?

**Tip:** 아이가 새로운 왕국을 건설하여 멋진 왕의 역할을 하는 상상을 할 수 있도록 이끌어 주세요.

**엄마의 질문:** 그림처럼 딸기가 멋진 기사가 되어 무엇을 무찌르기 위해 달려가야 합니다. 딸기는 무엇을 무찌르기 위해 달려가고 있나요?

**Tip:** 아이가 어떤 일에 불의를 느끼는지 경청해 보세요.

**Page Of Swords(소드 소년): 소년의 생각**

소년 카드는 총 4장인데요, 상징을 찾기가 힘들어요. 소년 카드가 나오면(총 4번) 스케치북에 말풍선을 그려주고 이 소년의 생각을 적어 보라고 하세요.

**엄마의 질문:** 딸기는 마음을 읽는 마법사입니다. 이 소년은 어떤 생각을 하고 있나요?

**Tip:** 준비된 스케치북에 말풍선을 그려 주세요. 그리고 아이에게 이 말풍선 안에 들어갈 소년의 생각을 적어 보도록 하세요. 말풍선에 들어가 있는 생각으로 엄마는 아이의 마음을 읽을 수 있는 마법사가 되었어요. 말풍선에 어떤 내용이 담기는지 잘 관찰해 주세요. 말풍선에 담긴 내용으로 다시 한 번 이야기를 이어가 보세요.

**Ace Of Swords(첫 번째 소드): 승리**

**엄마의 질문**: 세상에는 아주 다양한 대회가 있습니다. 딸기는 어떤 대회에 참석해서 영광의 승리를 거두고 싶나요?

**Tip**: 먼저 질문 전에 신기한 대회를 둘이서 함께 만들어 보세요. 어떤 신기한 대회들이 있을지 문도 궁금해지네요.

**Two Of Swords(2개의 소드): 선택의 고민**

**엄마의 질문**: 딸기가 현재 어떤 선택 사이에서 고민하고 있는 일이 있나요? 있다면 그것은 무엇입니까?

**Tip**: 질문은 아이가 이해하기 어려울지도 몰라요. 아이가 어려워하면 카드의 그림을 상세히 설명해 주세요. 주인공은 두 눈이 막혀 있고 두 개의 검을 들고, 어떤 검을 선택할지 모르고 있는 상황을 보여 주면 이해하기 쉬울 거예요. 그리고 아이가 어떤 선택 사이에서 고민하는 일이 있다고 한다면 엄마가 맞춰 보는 게임도 해 보세요.

## Three Of Swords(3개의 소드): 내 마음의 상처

**엄마의 질문:** 딸기가 지금까지 마음이 제일 아팠을 때(가장 슬펐을 때)는 언제였나요?

**Tip:** 카드의 그림은 누가 보아도 가슴 아픈 일을 상징함을 알 수 있어요. 이 카드가 나오면 엄마와 아이가 함께 서로가 가슴 아팠던 이야기를 나누어 보는 것도 좋답니다. 대신 엄마가 자신의 이야기를 할 때는 먼저 아이의 이야기를 듣고 난 다음이 좋아요. 아이가 자신의 상처에 대해서 이야기를 서슴없이 잘한다면 엄마의 이야기는 다음으로 미루고 그 상처에 대해서 아이가 충분히 이야기할 수 있도록 시간을 주세요.

## Four Of Swords(4개의 소드): 휴식

**엄마의 질문:** 딸기는 너무 힘들어서 쉬고 싶을 때가 있었다면 언제였나요?

**Tip:** 이 카드는 육체적으로 힘들거나, 심리적으로 힘들어서 아무것도 하고 싶지 않은 순간을 상징합니다. 아이가 언제 몸이 힘든지, 언제 심리적으로 힘든지 두 부분을 나누어서 질문하면 더욱 구체적이라 좋아요.

**Five Of Swords(5개의 소드): 친구로 인한 속상함**

**엄마의 질문:** 딸기는 친구 문제로 속상했던 기억이 있나요?

**Tip:** 이 카드는 배신의 카드이지만 문은 아이에게 '배신'이라는 단어를 사용하고 싶지 않아요. 그러나 아무리 어린아이도 이러한 감정을 느끼면서 사는 것이 현실이지요. 이 카드가 나오면 아이의 친구관계를 잘 알 수 있답니다. 세심히 들어서 아이가 친구들 관계에서 어떠한 일을 겪고 있는지 관심을 가져 보세요.

### Six Of Swords(6개의 소드): 변화의 필요성

**엄마의 질문:** 딸기가 요즘 자신의 생활에 변화시키고 싶은 부분이 있다면 그것은 어떤 부분입니까?

**Tip:** 이 카드는 흐름이 변하지 않고 그대로 흘러가는 상황을 나타내고 있어요. 변화가 필요한 것이지요. 아이가 자신의 생활에 만족하고 있는지, 어떤 변화를 원하는지 잘 들어 보세요.

### Seven Of Swords(7개의 소드): 잃어버림 또는 빼앗김

**엄마의 질문:** 딸기는 기억나는 것 중에서 어떤 것을 잃어버렸을 때 가장 속상했나요? 또는 누군가가 나의 것을 빼앗을 때가 있었다면 이야기해 주세요.

**Tip:** '상실'에 대한 부분으로 물건에 중점을 두지 말고, '사람'에 대해서도 물어보세요. 누구와 헤어졌을 때 슬펐는지.

**Eight Of Swords(8개의 소드): 내 맘대로 안 되는 일**

**엄마의 질문:** 딸기에게 '내 맘대로 안 되는 일'은 무엇입니까?

**Tip:** 꽁꽁 묶인 주인공처럼 내 의지만으로는 할 수가 없는 일들에 대해 설명해 주세요. 질문에 대한 답을 다 듣고 아이와 함께 '내 맘대로 안 되는 일'과 '내 맘대로 되는 일'에 관한 목록을 만드세요. 혹시 '내 맘대로 안 되는 일'로 인해 속상해하고 있다면 상담가의 자세로 아이에게 멋진 조언을 해 주세요.

**Nine Of Swords(9개의 소드): 불면증**

**엄마의 질문:** 딸기는 속상해서 잠을 이루지 못한 적이 있나요?

**Tip:** 카드 내용이 좀 강렬하지만 그림을 보면 울고 있는 주인공에게 아이는 감정 이입되어 쉽게 이해할 수가 있을 거예요.

**엄마의 질문:** 딸기는 친구나, 선생님이나 가족들에게 오해를 받아 억울했던 적이 있었나요? 있었다면 어떤 일이었나요?

**Tip:** 오해받은 일은 누구나 억울한 일입니다. 만일 아이가 이런 경험이 있다고 말한다면 그 오해에 대한 억울함이 치유될 수 있도록 아이의 이야기를 들어 주세요. 더불어 엄마의 어렸을 적 억울했던 일들에 대해서도 재밌게 이야기해 주세요.

<마이너 아르카나 2 - 펜타클(Pentacle) 주제>

King Of Pentacles(펜타클 왕): 왕

**엄마의 질문:** 딸기가 한 나라의 왕이 된다면 어떤 나라의 왕이 되어 무엇을 하고 싶나요?

**Tip:** 아이가 새로운 왕국을 건설하여 멋진 왕의 역할을 하는 상상을 할 수 있도록 이끌어 주세요.

**Queen Of Pentacles(펜타클 여왕): 여왕**

**엄마의 질문:** 딸기가 한 나라의 여왕이 된다면 어떤 나라의 여왕이 되어 무엇을 하고 싶나요?

**Tip:** 아이가 새로운 왕국을 건설하여 멋진 여왕의 역할을 하는 상상을 할 수 있도록 이끌어 주세요.

**Knight Of Pentacles(펜타클 기사): 나에게 소중한 물건**

**엄마의 질문:** 딸기는 지금 말과 함께 먼 길을 가야 합니다. 말은 딸기 외에 딱 한 가지만 태울 수가 있어요. 딸기는 무엇을 태우고 가고 싶나요?

**Tip:** 엄마를 태우지 않고 아빠를 태우고 간다고 해도서운해 하지 마세요. 아이가 무엇을 소중하게 생각하고 있는지 알 수 있 겠지요? 소중한 물건이나 사람에 대해서 이야기를 나눠 보세요.

**Page Of Pentacles(펜타클 소년): 소년의 생각**

소년 카드가 나오면 스케치북에 말풍선을 그려 주고 이 소년의 생각을 만들어 보도록 안내해 주세요.

**엄마의 질문:** 딸기는 마음을 읽는 마법사예요. 이 소년은 어떤 생각을 하고 있나요?

**Tip:** 말풍선에 들어가 있는 생각으로 엄마는 아이의 마음을 읽을 수 있는 마법사가 되었어요. 말풍선에 어떤 내용이 담기는지 잘 관찰해 주세요. 말풍선에 담긴 내용으로 다시 한 번 이야기를 이어가 보세요.

### Ace Of Pentacles(첫 번째 펜타클): 행운

**엄마의 질문:** 이번 달에 하늘에서 어떤 행운이 나에게 날아옵니다. 딸기에겐 어떤 행운이 오면 좋겠습니까?

**Tip:** 기간은 엄마가 원하는 기간을 정해서 물어보세요. 오늘이나 이번 주, 이번 달, 올해 등 모두 좋아요.

### Two Of Pentacles(2개의 펜타클): 기쁘지 않지만 하고 있는 일

**엄마의 질문:** 딸기는 지금 기쁘지는 않지만 억지로 하고 있는 일이 있다면 무엇입니까?

**Tip:** 카드 그림을 보면 광대가 쇼를 하고 있지만 표정은 그리 즐거워 보이지 않지요. 이처럼 우리 아이는 어떤 일을 즐겁지 않은데 억지로 하고 있는지 알 수 있어요.

**Three Of Pentacles(3개의 펜타클): 도움**

**엄마의 질문:** 딸기는 지금 하고 있는 일 중 누군가의 도움을 꼭 받고 싶은 일이 있습니까? 또는 누군가가 나를 도와줬으면 좋겠다고 생각한 적이 있나요?

**Tip:** 혼자 하기 버겁거나 누군가의 도움을 받아 더 잘하고 싶은 일들이 무엇인지 이야기로 풀어 보세요.

**Four Of Pentacles(4개의 펜타클): 내가 갖고 싶은 것 4가지**

**엄마의 질문:** 딸기가 이 그림에 나오는 동그라미 속에 딸기가 좋아하는 것, 또는 갖고 싶은 것 4가지를 적어 보세요.

**Tip:** 준비되어 있는 스케치북에 엄마가 큰 동그라미 4개를 그려 주세요. 그리고 아이가 직접 그 동그라미 속에 내용을 채워 넣도록 안내해 주세요.

**Five Of Pentacles(5개의 펜타클): 나에게 가장 부족한 것**

**엄마의 질문:** 딸기가 자신에게 가장 부족하다고 생각하는 것은 무엇입니까?

**Tip:** 아이가 자신에 대해 어떻게 생각하는지 알 수 있어요. 자신의 단점을 무엇을 말하는지 듣고, 그 단점을 해결할 수 있는 방법을 엄마와 함께 풀어 보세요. 마치 퀴즈의 정답을 찾아 나서는 탐험가처럼 말이에요.

**Six Of Pentacles(6개의 펜타클): 도와주고 싶은 사람**

**엄마의 질문:** 딸기는 누군가를 도와주고 싶었을 때가 있나요? 또는 딸기가 누군가를 도와주었던 기억에 대해 이야기해 주세요.

**Tip:** 아이가 가지고 있는 동정심에 대해서 알 수 있어요. 어떤 상황에 어떤 동정심을 느끼는지 듣고 착한 마음을 칭찬해 주세요. 또는 딸기의 물건 중에 누군가에게 나누어 주고 싶은 것이 있는

지도 함께 물어봐 주세요. 누구와 무엇을 공유하고 싶은지도 잘
들어 보세요.

**Seven Of Pentacles(7개의 펜타클): 내 머릿속을 가득 채우고 있는 것들**

**엄마의 질문:** 딸기 머릿속에 있는 것들을 이 나무에 옮겨서 열
매로 만들어 볼까요?

**Tip:** 엄마는 스케치북에 큰 나무를 그려 주세요. 그리고 나무에
열매가 매달린 것처럼 동그라미를 그려 주세요. 그리고 아이가 그
열매의 이름을 정하도록 해 주세요. 아이의 머릿속에 가득한 열
매 7가지가 나무에 대롱대롱 매달리게 될 거예요.

**Eight Of Pentacles(8개의 펜타클): 보람 있는 일, 성과를 얻은 일**

**엄마의 질문:** 딸기가 어떤 일을 해서 보람을 느꼈을 때는 언제
였나요?

**Tip:** 아이가 열심히 해서 '보람'이라는 감정을 느꼈을 때를 들어

주세요. 다시 생각해도 기분 좋은 기억을 충분히 이야기할 수 있도록 이끌어 주시고, 잘했던 과거를 다시 한 번 칭찬해 주세요. 또한 시간이 충분하다면 미래에 열심히 해서 성과를 얻고 싶은 일에 대해서도 한 번 질문해 보세요.

**Nine Of Pentacles(9개의 펜타클): 최고의 만족, 행복**

**엄마의 질문:** 딸기가 지금까지 가장 행복했던 순간은 언제였나요?

**Tip:** 행복의 순간을 아이들이 모두 기억하는 것 같지만 의외로 기억하지 못하고, 쉽게 이야기하지 못할 수도 있어요. 그때는 엄마의 가장 행복했던 순간을 알려 주고, '행복'에 대해서 함께 이야기 나눠 보세요.

**Ten Of Pentacles(10개의 펜타클): 부러운 사람**

**엄마의 질문:** 딸기는 친구나 아는 사람 중에서 가장 부러운 사

람은 누구입니까?

**Tip:** 친구나 아는 사람 중에 없다고 말한다면 만화 주인공이나 영화를 봤을 때 기억나는 사람 중에 선택할 수 있도록 선택의 범위를 넓혀 주세요.

<마이너 아르카나 3 - 완드(Wand) 주제>

King Of Wands(완드 왕): 왕

**엄마의 질문:** 딸기가 한 나라의 왕이 된다면 어떤 나라의 왕이 되어 무엇을 하고 싶나요?

Queen Of Wands(완드 여왕): 여왕

**엄마의 질문:** 딸기가 한 나라의 여왕이 된다면 어떤 나라의 여왕이 되어 무엇을 하고 싶나요?

**Knight Of Wands(완드 기사): 적극성, 열정적**

**엄마의 질문:** 이 기사의 성격은 매우 적극적이고, 열정적입니다. 이 기사와 딸기는 어떤 점이 닮았나요?

**Tip:** 아이가 자신의 성격에 대해서 어떻게 지각하고 있는지 알 수 있어요. 기사의 성격을 엄마가 여러 가지로 바꾸어서 질문하여도 된답니다. 그리고 아이가 이 기사와 자신이 닮은 점과 다른 점을 찾아보도록 안내하세요.

**Page Of Wands(완드 소년): 소년의 생각**

소년 카드가 나오면 스케치북에 말풍선을 그려주고 이 소년의 생각을 적어 보라고 하세요.

**엄마의 질문:** 딸기는 마음을 읽는 마법사입니다. 이 소년은 어떤 생각은 하고 있나요?

**Tip:** 말풍선에 들어가 있는 생각으로 엄마는 아이의 마음을 읽을 수 있는 마법사가 되었어요. 말풍선에 어떤 내용이 담기는지 잘 관찰해 주세요. 말풍선에 담긴 내용으로 다시 한 번 이야기를 이어가 보세요.

**Ace Of Wands(첫 번째 완드): 소원을 이루어 주는 나뭇가지**

**엄마의 질문:** 딸기가 어느 날 길을 가다가 바닥에 빛나는 나뭇가지를 주웠습니다. 신기하게도 이 나뭇가지는 소원을 이루어 주는 나뭇가지라고 하네요. 딸기는 이 나뭇가지에게 어떤 소원을 빌겠습니까?

**Tip:** 아이가 현재 원하는 바람을 알 수 있답니다.

**Two Of Wands(2개의 완드): 소식**

**엄마의 질문:** 이 그림 속의 남자는 편지가 오기를 기다리고 있

습니다. 딸기가 이 남자라고 상상하세요. 이 남자는 어떤 내용의 편지를 기다리고 있을까요?

Tip: 엄마가 기다리는 편지와 아이가 기다리는 편지의 내용을 함께 공유해 보세요. 서로 어떤 소식을 기다리는지 나누어 보세요.

**Three Of Wands(3개의 완드): 나에게 부족한 한 가지**

**엄마의 질문:** 딸기는 모든 걸 다 갖춘 완벽한 사람입니다. 그런데 딱 한 가지가 없어요. 그것이 무엇일까요?

Tip: 4개의 숫자가 완벽을 상징한다면 3개는 아쉽게도 한 개가 부족하지요. 부족하다는 것은 열등한 것이겠지요? 아이가 어떤 부분에서 열등한 마음을 가지고 있는지 물어보는 질문입니다. 대답을 한다면 그 부분에 대해서 극복할 수 있는 방법을 함께 이야기 나누어 보세요.

**Four Of Wands(4개의 완드): 너무도 즐거운 우리 집**

**엄마의 질문:** 딸기가 가족과 함께했을 때 즐거웠던 일은 무엇이었나요?

**Tip:** 가족에 대해서 어떻게 느끼고 있는지 잘 들어보세요. 한 부모 가정이나 이혼 가정일 경우, 또는 가족과 자주 만나지 못하는 경우라면 아이는 집이나 가족에 대한 열망이 더욱 강할 거예요. 만일 이런 가정의 엄마라면 이 카드가 나오면 아이들과 가족에 대해서 깊이 이야기하는 시간을 가져 보세요.

**Five Of Wands(5개의 완드): 경쟁자 또는 경쟁, 싸움**

**엄마의 질문:** 딸기는 친구 중에 경쟁자가 있나요?

**Tip:** 경쟁자는 누구에게든 긴장과 스트레스를 제공합니다. 아이가 누구에게 경쟁심을 느끼는지, 그 정도가 가벼운 것인지, 심각한 것인지에 대해 다루어 보세요. 또한 경쟁자가 없다면 아이가 경쟁(달리기 대회, 말하기 대회, 그림 그리기 대회 등)에 대해 어떤 생각을 가지고 있는지 질문해 보세요.

이 카드는 싸움을 상징하기도 합니다. 혹시 아이가 최근에 친구와 다퉜던 일이 있는지 물어보세요. 아니면 과거에 일어난 싸움이지만 아직도 가슴에 남는 일들이 있는지 한 번 이야기해 보세요.

**Six Of Wands(6개의 완드): 월계관(승리의 관)**

**엄마의 질문:** 딸기는 어떤 일에 승리하여 월계관을 받고, 월계관이 그려진 차를 타고, 사람들에게 축복을 받고 있습니다. 당신은 어떤 일에 승리하였나요?

**Tip:** 월계관은 승리를 상징합니다. 아이가 이 카드를 뽑았다면 스토리텔링으로 이야기를 이어가 보세요. 재미있는 영웅의 승리 스토리가 만들어질 거예요.

**Seven Of Wands(7개의 완드): 내 삶의 장애물**

**엄마의 질문:** 딸기 생활에 있어서 딸기를 방해하는 장애물은 무엇이라고 생각하나요?

**Tip:** 아이가 불편하게 생각하는 요인들을 알 수 있겠지요. 장애물이라고 생각하는 것들을 없애는 해결방법까지 아이와 함께 찾아 보세요.

**Eight Of Wands(8개의 완드): 나에게 요구 되는 것들에 대한 스트레스**

**엄마의 질문:** 딸기가 과거에 또는 지금 해야만 하는 일들이 많아서 스트레스를 받은 적이 있나요?

**Tip:** 아이가 지금 해야 할 일에 대해 어떻게 받아들이고 있는지 알 수 있어요. 스트레스에 대해서 방어할 수 있는 방법을 아이와 함께 상의해 보세요. 꼭 스트레스를 이길 수 있는 힘을 가질 수 있도록 이끌어 주길 바라요.

**Nine Of Wands(9개의 완드): 선택의 어려움**

**엄마의 질문:** 딸기는 무엇을 선택해야 할 때 어려움을 느낀 적이 있었나요?

**Tip:** '이것을 할까, 저것을 할까', '이것을 사달라고 할까, 저것을 사달라고 할까?' 등 가벼운 주제로 먼저 시작해 보세요. 그리고 만일 현재 그런 선택의 갈림길에 놓인 일이 있다면 엄마와 함께 해결해 보세요.

**Ten Of Wands(10개의 완드): 힘듦**

**엄마의 질문:** 딸기가 기억하는 일들 중 살면서 정말 힘들었을 때는 언제였나요?

**Tip:** 이 주제는 엄마의 이야기도 꼭 들려주길 바라요. 아이는 엄마가 어떤 부분에 힘들어하는지 알게 되면서 서로가 서로를 이해하는 시간이 될 거예요. 대신 아빠 때문에 힘들다며 아빠 흉을 보는 것은 금물입니다.

<마이너 아르카나 4 - 컵(Cup) 주제>

King Of Cups(컵 왕): 왕

**엄마의 질문:** 딸기가 한 나라의 왕이 된다면 어떤 나라의 왕이 되어 무엇을 하고 싶나요?

Queen Of Cups(컵 여왕): 여왕

**엄마의 질문:** 딸기가 한 나라의 여왕이 된다면 어떤 나라의 여왕이 되어 무엇을 하고 싶나요?

**Knight Of Cups(컵 기사): 신비의 물**

**엄마의 질문:** 이 기사는 마법의 물을 가지고 가고 있어요. 이 물은 어떤 마법을 풀어 주는 물일까요?

**Tip:** 아이의 상상력과 엄마의 상상력을 공유해 보세요. 이때 준비해 둔 스케치북에 각자 생각하는 자신의 마법의 물을 그려 보세요. 문은 마시면 키가 커지는 마법의 물을 그릴 것 같아요. 문은 키가 작거든요. 키가 커지는 마법의 물을 마시고 싶어요.

**Page Of Cups(컵 소년): 소년과 물고기의 대화**

**엄마의 질문:** 이 물고기는 소년에게 무슨 말을 하고 있을까요?

**Tip:** 이 카드가 나오면 대답 대신 준비해 둔 종이에 소년과 물고기의 대화를 만들어 보도록 하세요. 아이는 물고기가 자신처럼, 또는 소년이 자신인 것처럼 대화를 만들 거예요. 대화 속에 감추

어진 아이의 심리를 찾아보세요. 꼭꼭 숨어 있는 아이의 마음이
대화 속에 들어 있을 거예요.

**Ace Of Cups(첫 번째 컵): 내가 사랑하고 싶은 것들**

**엄마의 질문:** 딸기가 사랑하는 싶은 것들에 대해 이야기해 주
세요.

**Tip:** 아이가 사랑하는 것들에 대해서 이야기 나누어 보세요. 애
완동물, 친구, 연예인들의 이야기가 나올 거예요. 이 컵 속에서 넘
쳐흐르는 것은 우리의 감정이지요. 좋은 감정이 샘솟게 하는 것들
을 엄마와 아이가 함께 찾아보세요.

**Two Of Cups(2개의 컵): 함께 있고 싶은 사람**

**엄마의 질문:** 딸기는 천사인데 한 시간 뒤에 하늘나라로 올라
가야 합니다. 남은 한 시간 동안 만나고 싶은 사람은 누구일까요?

**Tip:** 엄마의 상상력을 이용하여 다른 상황도 만들 수 있답니다. 아이가 즐거워하는 다양한 상황을 만들어서 질문해 보세요.

**엄마의 질문:** 딸기의 친구와 가장 행복하게 보냈던 때가 언제였나요?

**Tip:** 정말 보기만 해도 행복한 카드입니다. 그런데 여기서 잠깐 생각해야 할 것은 관계에서 따돌림 경험이 있거나, 또는 현재 '왕따'를 경험하고 있는 아이는 행복한 친구와의 기억이 없을지도 모릅니다. 혹시 엄마가 아이의 현재 친구관계를 잘 모르신다면 이 카드가 나오면 관계에 대해서 진지하게 서로 대화를 나누어 보세요. 아이가 겪고 있는 현재 친구관계를 알 수 있답니다.

**Four Of Cups(4개의 컵): 고민**

**엄마의 질문:** 딸기가 카드 그림 속의 남자라고 생각하면 이 남자는 지금 어떤 고민을 하고 있는 걸까요? 누군가 말을 걸어도 신경 쓰지 않을 정도로 말이에요.

**Tip:** 엄마가 아이가 각각 종이 한 장씩을 가지고 각자가 생각하는 남자의 고민을 적어 놓고 서로 바꾸어 보세요. 그리고 서로가 왜 그렇게 생각했는지에 대해 이야기해 보세요. 남자의 고민은 과연 무엇일까요?

**Five Of Cups(5개의 컵): 외로움**

**엄마의 질문:** 딸기가 외롭다고 생각했던 적이 있었나요? 있었다면 그 외로움에 대해서 이야기해 주세요.

**Tip:** 아이가 외로움이 어떤 감정인지 잘 모를 수도 있습니다. 엄마의 설명이 필요할지도 모르니 그때는 엄마의 외로웠을 때의 마음을 잘 설명해 주세요.

Six Of Cups(6개의 컵): 좋은 소식

**엄마의 질문:** 딸기가 오늘 가장 받고 싶은 좋은 소식은 무엇입니까?

**Tip:** 기간은 처음엔 가까운 날로 잡아서 대화를 하고, 이후 가까운 미래 또는 먼 미래에 받고 싶은 좋은 소식까지 대화를 이어가 보세요. 괜히 상상만 해도 즐거워지는데요. 문은 미래에 어떤 좋은 소식을 받고 싶냐면요…. 그건 비밀입니다.

Seven Of Cups(7개의 컵): 공상

**엄마의 질문:** 딸기의 마음속에 담긴 마음들을 이 컵 속에 담아 보세요.

**Tip:** 이 카드가 나오면 7개의 컵을 스케치북에 그려주고 아이가 그 컵 속에 무엇을 담을 것인지 직접 그려 넣도록 하세요. 엄마 것도 하나 완성하여 아이에게 보여준다면 더욱 재미있어요. 이 컵 속에는 모든 것을 다 담을 수 있어요. 이 세상에 없는 것, 이 세상에 있는 것, 현실적인 것, 비현실적인 것, 눈에 보이는 것, 눈에 보이지 않는 것.

Eight Of Cups(8개의 컵): 포기

**엄마의 질문:** 딸기가 어떤 일을 포기하고 싶었을 때 또는 포기했던 때를 기억해 봅니다. 그때는 언제였으며, 어떤 일이었나요?

**Tip:** 힘들어서 포기하고 싶었던 얘기를 잘 들어 주세요. 또는 불안해서 포기하고 싶었거나, 자신감이 없어서 포기하고 싶었던 때. 이렇듯 아이가 어떤 순간에 포기하고 싶은 마음을 가졌는지 잘 들어 주세요. 그리고 포기했던 기억을 어떻게(**부정적으로 또는 긍정적으로**) 인식하고 있는지 파악한 후 만일 그 기억이 부정적이라면 엄마의 힘으로 아이에게 힘을 주어 그 기억이 새롭게 정립될 수 있도록 도와주세요.

**Nine Of Cups(9개의 컵): 든든함**

**엄마의 질문:** 딸기에게는 어떠한 것들이 든든함을 주나요?(이 질문에는 사람도 포함)

Tip: 든든하다는 의미에 대해서 설명이 필요할지도 모릅니다. 엄마의 든든한 것들을 예로 들면서 아이가 이해하기 쉽게 설명해 주세요.

**Ten Of Cups(10개의 컵): 가족의 행복**

**엄마의 질문:** 딸기는 가족의 행복이 무엇이라고 생각합니까?

Tip: 아이와 함께 가족의 행복에 대해서 이야기 나누세요. 가족의 행복을 위해 필요한 것을 그려 보거나, 우리 가족에게 부족한 것 또는 우리 가족에게 있었으면 좋을 것 같은 것들에 대해서 행복한 대화를 나누세요. 가족의 행복을 위해 서로의 약속을 하나씩 만들어 보는 것도 좋을 것 같아요.

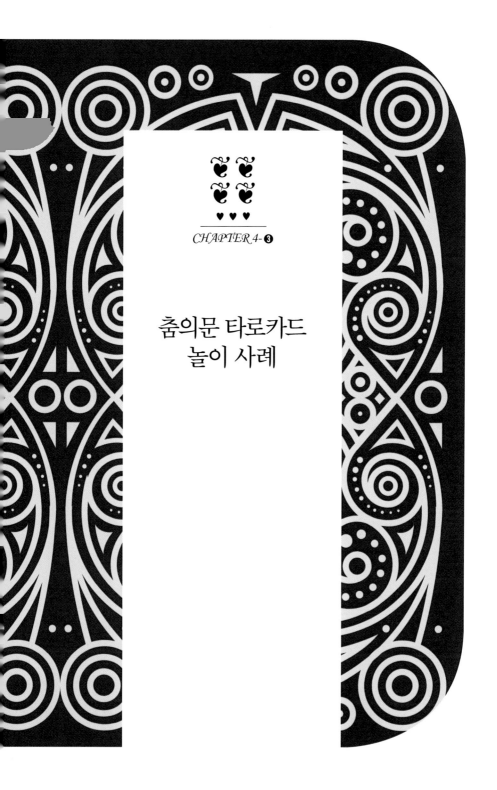

CHAPTER 4-❸

춤의문 타로카드
놀이 사례

엄마들이 타로카드 놀이 진행을 이끌 때 도움을 드리고자 문이 직접 타로카드 놀이한 사례를 소개합니다. 이 내용을 참고한다면 아이들과 타로카드 놀이를 이끌어 갈 때 도움이 될 거예요. 이 방법은 춤의문의 방식이며 엄마들은 각자 자신의 방식을 개발하여 새롭게 놀이방법을 만들면 더욱 좋을 것 같아요. 그리고 사례에 등장하는 아이들과 문의 대화에서는 존댓말을 하지 않은 경우가 많아요. 대부분 춤의문 발레하우스 학생인데, 우리는 평소에 친구처럼 반말을 한답니다. 너무 놀라지 마세요.

문은 타로 마스터로서 사례에 나오는 카드에 대한 질문과 해석은 타로카드의 실제 의미 해석(정방향, 역방향 모두 사용)과 심리학적 상징개념을 함께 사용하고 있어요. 그러나 엄마들도 꼭 이렇게 해석해야 하고, 이렇게 질문해야 한다는 건 없답니다. 우리는 타로점을 보는 것이 아니니까요. 타로카드 놀이에서는 해석보다는 질문을 통해서 아이가 자신의 이야기를 최대한 많이 할 수 있도록 안내해 주는 것이 가장 중요합니다. 그리고 우리는 아이의 이야기를 최대한 공감하며 들어 주어야 합니다.

참고로 사례에 나오는 아이들의 이름은 모두 가명이고, 구체적인 상담 내용은 생략했습니다.

· 사례1 ·

## 저희 아이가 한 친구에만 마음을 둡니다.

이름: 이영아, 10세

**타로카드 놀이 의뢰:**
저희 아이가 한 친구에만 마음을 둡니다. 엄마 입장에서는 여러 친구들과 어울리면 좋겠는데 한 친구인 미정이만 좋아합니다. 그런데 그 친구는 사교성도 좋아서 다른 친구들이 많고, 영아에 대한 배려가 없을 때는 영아가 상처를 받아서 속상해 합니다.

## 타로카드 놀이 내용

### 1. 영아의 마음속 여행

문과 영아는 타로카드 앞에 앉았다. 문은 영아에게 놀이를 위해 먼저 영아의 마음속으로 들어가 보자고 했고, 영아는 좋다고 했다. 우리는 영아의 마음속으로 들어가는 상상을 하고 영아는 자신의 마음속을 생각하며 카드 세 장을 뽑았다.

〈영아가 선택한 카드: 왼쪽부터 카드 1, 카드 2, 카드 3〉

영아가 뽑은 카드로 우리는,

카드 3) 영아가 지금 하고 싶은데 못하는 것

카드 2) 친해지고 싶은 친구

카드 1) 상처받은 일

에 대하여 이야기를 나누기로 했다. 문은 영아에게 영아의 마음 속에 이러한 것들이 존재하냐고 묻자, 영아는 문에게 고개를 끄덕여 보였다.

우리는 **카드 3)**에 대해서 먼저 이야기를 나누었는데, 영아는 애완견을 너무 키우고 싶은데 엄마가 반대해서 키우지 못해 속상하다고 말했다. 그리고 또 하나 갖고 싶은 것은 요즘 휴대전화가 너무 갖고 싶은데 엄마가 사주지 않았다고 했다. 엄마가 왜 애완견 키우는 것을 반대하는지, 초등학생이 휴대전화를 가지는 것을 왜 반대하는지 영아는 엄마를 정확하게 이해하고 있었다.

다음으로 우리는 **카드 2)**의 주제에 대해 이야기를 나누었다. 영아는 좋아하는 친구가 있는데, 이름이 미정이라고 했다. 영아는 미정이와 더 친해지고 싶지만 미정은 자기만 바라보지 않고, 다른 친구도 많고, 가끔 영아와 놀아주는데, 영아는 미정이가 놀아 줄 때까지는 늘 혼자 놀면서 미정을 기다려야 한다고 말했다. 영아는 이 이야기를 하면서 감정이 일어났는지 속상한 마음을 문에게 오랫동안 이야기하였다.

영아의 미정이에 대한 감정이 어느 정도 진정되기를 기다리고 문은 **카드 1)**의 주제로 영아를 이끌었다.

**카드 1)**의 주제는 '상처받은 일'에 관한 내용이었다. 영아는 이 부분에 대해서 문에게 해 줄 이야기가 있는지 묻자, 어린이 집에서 왕따를 당한 경험에 대해 문에게 말해 주었다. (왕따 경험에 관한 내용은 생략합니다.)

왕따 경험으로 인해 영아는 친구들에 대한 부정적인 생각을 가지고 있었고, 친구들이 자신을 좋아하지 않는다는 확신이 마음속에 깊이 박혀있었다. 그런데 미정이만은 자신을 조금은 좋아해 준다고 말했다. 그래서 미정이와 놀면 즐겁고, 미정이가 놀아주지 않을 때는 외롭다고 말했다.

## 2. 영아를 위한 해결방법 카드 찾기

상담 내용은 의뢰 문제에 맞추어 미정이의 이야기로 초점을 두고 진행되었다. 문은 영아에게 다음의 카드를 뽑아 의견을 전달했다.

〈문이 영아를 위해 뽑은 카드〉

이 카드의 남자처럼 미정이 아닌 다른 친구에게 영아의 마음을 열어 보라고 말해 주었다. 영아는 그러고 싶은 친구 두 명의 이름을 말했고, 그들에게 친해지고 싶은 자신의 마음을 앞으로 표현해 보겠다고 말했다.

## 3. 스토리텔링

마지막으로 문은 카드 그림을 영아에게 천천히 모두 보여주고 영아가 마음에 드는 카드를 선택하도록 안내했다. 영아는 3장의 카드를 선택하였다.

〈영아가 선택한 카드: 왼쪽부터 카드 1, 카드 2, 카드 3〉

문은 영아가 뽑은 카드로 영아가 스토리를 만들어 보도록 하였다. 영아는 몇 번 시도하다가 스토리를 끝내지 못하고 망설였다.

**영아:** 난 이런 거 못하는데…. 내가 만들면 재미없어.

문은 영아 이야기가 재밌다고 격려하며 영아가 이야기를 다시 시작할 때까지 시간을 두고 기다려 주었다. 잠시 후 영아는 자신감이 생겼는지 카드를 유심히 바라보고는 이야기를 마무리 지었다.

**영아:** 대회에서 상을 받았는데 상금으로 사자를 주었고, 내가 사자를 잘 길렀더니 여신이 되었다. 끝!
**문:** 여신이 되면 무엇이 좋아?
**영아:** 여신이 되면 마법을 부릴 수 있고, 마법을 부려 하늘을 날고 싶어.

문은 하늘을 나는 기분은 정말 행복한 기분일 것 같다고 말해 주었고, 그 행복한 기분이 영아의 가슴의 상처를 치료할 수 있다고 전했다. 실제로 날 수는 없지만 그런 상상으로 행복한 기분을 많이 느낀다면 영아의 가슴의 상처가 조금씩 조금씩 나을 수 있다고 말하자 영아는 고개를 끄덕였다.

### 4. 타로카드 놀이 마무리
영아가 오늘 뽑은 카드를 다시 한 장, 한 장 들여다보며 이야기를 나누고 상담이 끝났다.

**문이 영아에게**
영아가 미정이와의 관계에서 가지는 집착을 조금 내려놓고 다른 친구들과의 관계를 더욱 넓혀가면서 새로운 행복을 찾기를 바란다. 영아야, 파이팅!

**영아 어머님이 문에게**
현재 상황을 너무나 정확히 읽어내고 해결방법까지 제시해 주시는 문 선생님의 타로 능력에 감탄하게 되네요. 우리 아이, 영아도 많은 위안을 받았으리라는 짐작도 가고요. 저도 문 선생님의 타로 결론처럼 좋은 방향으로 가리라 여기며 힘찬 육아를 해야겠습니다. 고맙습니다.

## 사례2

# 친한 친구가 없어서 외로워요.

**이름: 윤지혜, 10세**

### 타로카드 놀이 의뢰

지혜는 요즘 피곤한 기색을 보이고 표정이 늘 어두웠다. 그래서 문이 먼저 지혜에게 타로카드 놀이를 제안하였다. 지혜는 문이 가르치는 학생이었다. 처음에는 학습에 매우 적극적이고 밝은 모습으로 수업에 참여했었다. 하지만 점점 무기력한 모습을 보이고, 최근에는 자주 지각을 하였고, 수업 시간에 넋을 잃고 서 있는 모습을 자주 보였다. 문은 지혜의 밝지 않은 표정의 원인을 찾기 위해 타로카드 놀이로 상담을 진행해 보기로 하였다.

## 타로카드 놀이 내용

### 1. 지혜의 마음속 여행

아이스크림을 먹으며 상담 시간보다 조금 늦게 도착한 지혜. 문은 지혜가 아이스크림을 다 먹을 때까지 기다려 주었다. 아이스크림을 다 먹은 지혜는 문 책상 앞에 앉았고, 문은 책상 위에 천을 깔고 타로카드를 올려놓았다. 지혜는 타로카드를 예전부터 좋아했다. 앞으로의 일이 기대되는 듯 환하게 웃으며 지혜는 나와 카드를 번갈아 바라보았다.

우리는 타로카드를 통해 지혜의 마음속을 여행하기로 했다. 문은 카드를 섞었고, 다 섞은 카드를 지혜 앞에 펼쳐 보였다. 그리고 지혜는 자신의 마음속에 들어간 상상을 하며 세 장의 카드를 뽑았다.

〈지혜의 마음속 카드: 왼쪽부터 카드 1, 카드 2, 카드 3〉

여기서 뽑은 세 장의 카드로 우리는,

카드 1) 지혜의 마음속에 있는 밝음과 어둠

카드 2) 지금 못하고 있지만 강하게 하고 싶거나 갖고 싶은 것

카드 3) 지혜를 괴롭히는 것들

여기에 대해서 이야기해 보자고 하였다.

## 2. 지금 못하고 있지만 강하게 하고 싶거나 갖고 싶은 것

문은 먼저 지혜에게 2번 카드부터 이야기해 보자고 하였다. 지혜가 무엇을 가장 하고 싶은지 궁금했다. 지혜의 욕구를 알아야 초점을 맞추기 쉽기 때문이다. 지혜는 발레 공연을 하고 싶은데 엄마가 반대해서 속상하다고 했다. 갖고 싶은 것을 물으니 1초의 거리낌도 없이 **'친구'**라고 대답했다. 문의 질문이 끝나자마자 바로 친구라는 단어를 들으니 문은 가슴이 짠해졌다. 친구를 간절히 바라는 지혜의 마음이 그대로 전달되었다.

### 3. 지혜의 마음속에 있는 밝음과 어둠

**1번 카드**에서 문은 현재 지혜의 마음이 검은 상자가 넓은지 하얀 상자가 넓은지 물었고, 지혜는 검은 상자가 넓다고 말했다. 그속에 무엇이 들었는지를 묻자 친구들이 자신을 놀리고 일부러 자기를 피할 때 너무 괴롭다고 말했다. "지혜 오니까 피하자." 이렇게 친구들이 말하는 것 같았다고 말했다. 직접 들었는지를 묻자 직접 듣지는 못했지만 지혜가 싫다고 이야기 하는 것을 들은 적은 있다고 했다. 친한 친구가 없어서 놀 때 너무 외롭다고 말했다. 우리는 이 부분에 대해서 이야기를 좀 더 나누었다.

### 4. 지혜를 괴롭히는 것들

**3번 카드**에서는 날아오는 나뭇가지가 지혜를 괴롭히는 것이라고 가정하고 지혜를 괴롭히는 것들에 대해서 이야기를 나누었다. 친구 이야기와 외로움에 대해서 앞에 이야기 나눈 것들이 반복되어 등장했고, 여기서는 자신을 괴롭히는 친구들, 그리고 자신을 잘 놀리는 오빠, 친해지고 싶은 친구 이름과 이야기들이 구체적으로 다루어졌다.

## 5. 변화의 시도

이제 상황을 변화시켜 볼 차례다. 친구들과 상황들을 지혜가 변화시킬 수가 없는데 지혜는 앞으로 어떻게 해야 할 것인지 카드에게 가르쳐 달라고 부탁해 보자고 했다. 그리고 문은 다시 카드를 섞었고, 카드에게 질문을 하며 문이 한 장, 지혜가 한 장 카드를 뽑았다. 카드는 이런 답을 내주었다.

〈지혜가 뽑은 해결방법 카드: 왼쪽부터 카드 1, 카드 2〉

먼저 지혜가 뽑은 카드를 보고, 문은 엄마와 같은 자상한 사람, 그리고 지혜가 생각할 때 지혜의 마음을 따뜻하게 받아줄 수 있다고 생각되는 어른(카드 2)에게 지혜의 마음을 전하도록 제안했다. 지혜에게 엄마에게도 오늘 나눈 이야기를 했는지 물었고, 지혜는 하지 않았다고 말했다. 계속 이야기하지 않으면 지혜의 마음은 검은 상자로 가득해지고 마음은 더 아파질 거라고 문은 말했다. 아이들의 아픔은 치유되어야 하기 때문이다. 그래서 문은 엄마나 아니면 좋은 선생님 등 주변의 이 카드 속의 여자처럼 포근한 사람에게 이야기를 해 보라고 전했다. 그 사람이 문이 되어도 된다는 말과 함께. 지혜는 이제 해 보겠다고 말했다.

그리고 카드가 알려준, 문이 지혜를 도와줄 수 있는 방법은 지혜가 누구보다 친구들 문제로 힘들었는지 이해하는 것이었다. 이 카드는 불면증(카드 1)을 나타내는데 지혜는 잠자기 전까지 이 문제로 괴로워한 적이 있다고 했다. 기억으로는 3번 정도라고 말했나. 문은 ㄱ 정도로는 힘든 줄 몰랐는데 다시 지혜의 마음을 좀 더 깊이 알게 되어 요즘 이해되지 못했던 지혜 행동이 이제 이해가 된다고 말했다. 그리고 앞으로 지혜를 더 이해하도록 노력하겠다고 말했다.

### 6. 스토리텔링

마지막으로 카드놀이로 스토리텔링을 하였다. 지혜는 세 장의 카드를 뽑았고, 지혜는 자신이 뽑은 카드의 그림을 보고 이야기를 만들었다.

〈지혜가 뽑은 카드〉

**지혜:** 친구들이랑 놀고 있었는데 납치범이 와서 그 애들을 납치해 갔어. 그래서 해도 속상해하고, 게도 속상해하고, 아이들도 속상해하고 있어.

**문:** 이 이야기 속에 지혜는 누구야?

**지혜:** 이 여자애(첫 번째 카드)

**문:** 납치범이 아이들을 잡아가서 무엇을 했지?

**지혜:** 막 부려 먹어. 일도 시키고 심부름도 시키고….

**문:** 그래서 앞으로 어떻게 되었어?

**지혜:** 응, 사람들이 와서 납치범을 잡아갔고 우린 풀려났어.

**문:** 이 여자애는 납치범을 어떻게 생각해?

**지혜:** 싫어해.

**문:** 납치범을 용서할 수 있어?

**지혜:** 아니.

**문:** 지혜는 지혜를 괴롭게 한 친구들을 용서할 수 있어?

**지혜:** 아니. 용서 못 하겠어.

**문:** 그럼 친구들이 사과했으면 좋겠어? 사과하면 용서할 수 있어?

**지혜:** 아니.

**문:** 그럼 용서할 수 있는 방법은 없을까?

**지혜:** 나랑 놀아주면 용서해 줄 수 있어.

**문이 지혜에게**

먼저 지혜의 아픈 마음이 조금씩 치유되면 친하게 지내고 싶은 친구에게 천천히 다가가서 좀 더 깊은 사이가 되길 바랄게요. 곧 지혜가 누구와 친한지 물었을 때, 누군가의 이름이 나오는 날이 꼭 올 거예요. 예쁜 지혜 힘내세요!

**지혜 어머님이 문에게**

문 선생님이 계셔서 참 다행이다 싶어요. 짐작만 하고 있었는데 알고 나니 후련하네요. 아이의 마음을 조금은 이해할 수 있겠어요. 저도 고민 좀 해볼게요.

저는 아주 평범해요.
특별한 고민도 없고, 생활도 만족하고 안정적이죠.

**이름: 이수진, 13세**

**타로카드 놀이 의뢰**

수진이는 어떤 고민이나 문제가 있어 의뢰한 것이 아니라 타로놀이가 재미있을 것 같다고 생각하고 문과 약속을 잡고 함께 타로놀이를 하게 되었다. 수진이는 학교생활도 무난하게 잘하고, 공부도 잘하는 편이며, 아이들이랑도 잘 어울리는 6학년 학생이다. 오늘 문과 딱히 한 문제를 가지고 타로 앞에 앉은 것이 아니라 둘이서 수진이의 마음을 여행해 보자는 마음으로 앉게 되었다. 수진이 어머니도 수진이에 대해서 특별히 걱정할 것이 없다고 하셨고, 수진이 또한 자기 자신의 현재 생활에 대해 너무도 무난하고, 안정되고, 편안하다고 말하며 만족스럽다고 말했다.

## 타로카드 놀이 내용

### 1. 수진이의 마음속 여행

약속 시간보다 일찍 도착한 수진이는 먼저 들어가서 문을 기다리고 있었다. 우리는 서로 가벼운 인사를 하고 타로놀이를 할 방으로 향했다. 문은 타로를 펼치고 수진이는 조용히 앉아 있었다. 그러는 과정에서 문은 수진이에게 수진이에 대해서 물어보고 수진이는 생각나는 대로 자신의 이야기를 하였다.

　타로를 뽑을 준비가 완료되고 수진이와 문은 수진이의 마음 여행을 시작하였다. 카드를 섞고 펼치는 문을 보며 신기한 듯 수진이는 "히히," 하고 웃어 보였다.

〈수진이의 마음 여행 카드: 왼쪽부터 카드 1, 카드 2, 카드 3〉

수진이가 뽑은 카드로 우리는
**카드 1)** 모든 것이 완전하지만, 마냥 즐겁지만 않은 나의 생활
**카드 2)** 마음 깊은 곳에서 들려오는 이야기
**카드 3)** 내가 바라는 것들
여기에 대해서 이야기 나눠보기로 하였다.


　**카드 1)**의 주제에서 수진이는 현재 자신은 모든 것에 다 만족하고, 가끔 걱정도 있지만 깊이 생각하지 않는다고 말했다. 그나마 수진이가 자기가 가진 문제 하나를 뽑은 것이 자신은 공감능력이 조금 부족한 것 같다는 것이었다. 예를 들어 학교에서 불쌍한 사람들을 돕는다고 단체로 기부를 하는 것이 있는데 그럴 때면 왜 해야 하는지 이유를 잘 모르겠고, 마음은 하기 싫지만 어쩔 수 없이 하는데 그것이 싫다고 했다. 마음이 우러나지 않고 어떤 압력이 있는 것이 싫다고 했다. 그리고 어떤 친구의 행동이 공감이 잘 안 될 때가 있다고 한다. 그럴 때는 하고 싶은 말이 있지만, 사이가 나빠지는 것보다 말하지 않는 것이 더 좋다고 생각해서 그냥 넘어간다고 한다. 그리고 그 외에 학원은 발레하우스만 다녀서 여유 있고 좋다, 공부도 이 정도면 되었다고 생각하고, 학교 아이들과도 잘 지내고, 부모님이랑도 사이도 좋고, 지극히 평범하게 잘 지낸다며 자신에 대해서 이것저것 이야기하였다. 평범하다는 것을 매우 강조했고, 생활에 만족한다는 것을 매우 강조하였다.

**카드 2)**의 주제로 이야기 나눌 때는 특별히 마음 깊은 곳에서 어떤 생각이 일어나는지 잘 모르겠다고 말했고, 문은 이 시간은 수진이가 주제에 관계 없지만 말하고 싶은 것을 아무거나 말해 보라고 했다. 수진이는 논리적으로 또박또박 일어나는 생각들을 이야기하였고, 문은 고개를 끄덕이며 수진이의 이야기를 경청하였다.

**카드 3)**의 주제로 넘어가자 수진이는 어린이집 다닐 때 요리사가 되고 싶었는데 요리는 한 번 망치면 끝이겠구나, 하고 생각해서 포기하고 초등학교 때 영양사가 되기로 마음먹었다는 이야기를 하였다. 그런데 영양사도 한 학교에 한 명밖에 안 뽑아서 되기 힘들겠구나, 라고 생각해서 지금은 공무원이 가장 편할 것 같아 공무원이 되자, 라고 생각하고 있다는 이야기를 하였다.

문이 미래에 대한 걱정이 많은지 묻자, 조금 있지만 심각할 정도
는 아니라고 했다. 가끔 시간이 나면 걱정을 하는 정도라고 하였
다. 걱정을 한다고 해서 자기가 그렇게 되려고 노력하는 건 없다
고 하였다. 노력해봤자 안 된다는 것은 알고 있다고도 말했다. 그
리고 덧붙여 자신은 도전 정신이 부족한 것 같다고 말했다. 그냥
어떤 일에 도전하고 싶지 않다고 말했다.

**문**: 도전 정신을 가지면 수진이는 더 멋진 사람이 될 수 있지 않을까?

**수진**: 너무 멋진 사람은 되고 싶지 않아요.

**문**: 왜?

**수진**: 전 튀는 게 싫어요.

**문**: 튀면 뭐가 안 좋아?

**수진**: 사람들이 관심을 가지고, 사람들이 많이 찾아서 피곤할 것 같아요.

## 2. 수진이가 항상 부정적인 면을 생각하는 이유

여러 가지 주제로 이런저런 수진이와 이야기를 나누는 동안 문
은 수진이에게 어린이인데 너무 논리적으로 어떤 상황에 대해서
안 좋은 부분까지 다 생각하고 얘기해서 신기하다고 말해 주었다.
특히 모든 상황에 부정적인 면에 대해서 항상 염두에 두고 이야기
를 잘한다고 말해 주었다. 수진이가 책도 많이 읽고, 공부도 잘하
고, 똑똑해서 그런 거 같다고 하자, 수진이는 항상 학교 통지표에
말 잘하고, 논리적이라는 말은 꼭 있었다고 하였다. 그런데 문은

모든 일에 부정적인 면이 있는 것은 아닌데, 먼저 부정적인 면까지 생각하는 것이 조금 아쉽다고 말했다. 수진이는 내 말에 공감한다고 말했다. 자신은 부정적인 부분을 항상 생각하는데 자신이 너무 현실적인 아이여서 그렇다고 했다.

문은 수진이가 부정적인 면에 대해서 항상 생각하는 이유에 대해서 한 번 마음에 물어보자고 제안했다. 수진이는 좋다고 문의 의견에 동의했고, 카드에게 우리는 그 이유를 물었다.

〈수진이가 부정적인 이유 카드〉

이 카드를 보고, 문은 수진이가 자신이 부정적인 부분을 논리적으로 생각하고 말하는 자신의 모습이 멋있는지, 아니면 좋은지 물어보았다. 수진이는 아니라고 말했다. 문은 그런 수진이가 똑똑해 보이는데 수진이는 그런 자신을 어떻게 생각하는지 문이 다시 물었다. 그러자 수진이의 눈에 조금씩 눈물이 고이기 시작했고, 떨리는 목소리로 이야기를 시작하였다.

"어렸을 때부터 말을 잘했어. 보이는 대로 생각나는 대로 이야기했어.

사람들이 논리적으로 말을 잘한다고 했지. 그런데 1학년 때인가? 잘 기억은 안 나는데 누군가가 나에게 말했어. 좋은 말로 논리적이 말을 잘하는 것이지만 나쁘게 말하면 버릇없는 것이라고…."

여기까지 이야기하고 수진이의 눈에서 결국 눈물이 흐르기 시작했다. 문은 잠시 수진이가 울도록 시간을 주었다. 수진이는 부끄러운지 눈물을 멈추려고 노력하는 모습을 보였고, 문은 이어서 질문을 하였다.

그 말을 듣고 충격을 받았는지 물었고, 수진이는 너무 충격이어서 그때부터 자제하려고 노력했는데 자기 힘으로는 제지할 수가 없을 정도로 말이 그냥 계속 나왔다고 말했다. 남이 들으면 안 좋은 말들도 제지할 수 없었고, 그럴 때마다 너무 괴로웠다고 말하며 수진이는 흐느꼈다. 결국 5학년쯤 되어서야 조금씩 제지가 되기 시작했는데 그때부터 친구와도 사이가 좋아지고 생활이 편안해졌다고 했다. 다시 현재의 이야기로 돌아오자 수진이도 조금 안정된 모습을 보였다. 그리고 우리 둘이 그때 그 슬픈 기억에 대해서 좀 더 이야기를 나누었다.

## 3. 수진이의 과거 기억에 대한 치유방법

수진이와의 이야기를 정리를 하면서 마지막으로 문은 수진이의 그 기억이 치유되길 바란다고 말했다. 그 기억이 치유되어야 수진이가 타고난 그 재능이 긍정적으로 빛을 발할 것이기 때문이다. 그래서 우리는 카드에게 그 기억의 치유 방법을 물어보자고 말했다. 그리고 카드에게 질문을 하고 수진이가 한 장, 문이 한 장을 뽑았다.

〈수진이의 부정적 기억에 대한 치유방법 카드〉

문과 수진이가 뽑은 치유카드를 통합해서 그 치유방법을 함께 요약해 보았다. 수진이가 혼이 났던 그 부분은 수진이의 굉장히 뛰어난 재능이다. 지금까지 그 재능을 기뻐하지 않았다면(또 버릇없다는 말을 들을까 봐, 아이들과 사이가 안 좋아질까 봐, 나쁜 거 같아서 등등의 이유로) 지금은 많은 시간이 흘렀다. 그 재능을 살려서 친구들에게 어떤 이야기를 해 줄 때나, 글을 쓸 때나, 사람들 앞에서 이야기를 할 때 잘 활용해라. 어렸을 때처럼 생각나는 대로 말하는 것이 아니라 이제는 유머와 재치를 섞어서 이야기한다면 수진이의 말에 기분 나쁘지도 않고, 말 잘하고, 논리적인 수진이를 사람들이 많이 좋아할 것이다. 또한 이러한 재능은 앞으로 수진이의 직업과도 연관될 수 있다. 이제 두려워 말고 이야기해라. 단, 누군가가 상처 입을지도 모른다고 생각하는 여유와 유머 센스를 키운다면 정말 멋진 수진이가 될 것이다.

## 4. 타로카드 놀이 마무리

모든 타로카드 놀이 과정이 끝나고, 수진이와 문은 지금까지 뽑은 카드들을 한 번 더 살피면서 이야기를 나누었다. 이런 과정에서 수진이는 한 차례 더 눈물을 흘렸다. 문은 수진이를 안정시킨 후, 문이 상상하는 멋진 수진이의 미래의 모습에 대해서 이야기하자, 수진이는 기분이 좋은지 다시 웃기 시작했다. 문도 함께 웃으며 수진이와의 타로카드 놀이를 마무리하였다.

**문이 수진이에게**

우리 멋진 수진이. 오늘 함께 이야기 나누어서 너무 즐거웠고, 문에게 마음을 활짝 열어 주어서 너무 고마워. 그냥 놀려고 했는데 이렇게 의미있는 이야기를 나누어서 너무 좋아. 그리고 문은 우리 수진이 재능이 지금은 아니더라도 앞으로도 잘 다듬어지고 발전시키면 정말 멋질 것 같아. 난 벌써 기대되는걸! 많은 사람들 앞에서 연설하는 수진이가 떠올라. 아주 냉철하고 조목조목하게 말이지. 앞으로 너무 제지하려고 노력하지도 말고 당당하게! 단 예의는 지키면서! 파이팅!

**수진 어머님이 문에게**

잘 읽어보았습니다. 아이가 어렸을 때 들은 말을 그리 자세히 기억하고 있는지 몰랐어요.
아이에게 상담에 대해서 물어보니 쭈뼛쭈뼛 얼버무리길래 더 이상 애기하지 않았었는데, 기회가 생기면 함께 더 많이 이야기해 보려고 합니다. 문 선생님 덕분에 딸아이에 대해 좀 더 알게 된 것 같네요. 감사합니다.

## 사례4

# 제 딸이 친구 때문에 외로울까 봐 걱정이에요.

**이름: 이민희, 13세**

**타로카드 놀이 의뢰**

민희는 초등학교 6학년 여학생이다. 학교 공부도 상위권을 차지하고, 달리기도 잘하고, 다른 운동도 잘한다. 춤도 좋아하고, 잘 추며, 최근 클라리넷이라는 악기도 열심히 배우고 있는 바쁘지만 보람찬 하루하루를 보내는 초등학생이다. 민희 어머니는 민희가 친구 때문에 외로워할까 봐 걱정이라고 하셨다.

## 타로카드 놀이 내용

### 1. 민희의 마음속 여행

민희는 상담을 하기 위해 도착하자마자 "무우~~~운!" 하고 문을 큰 소리로 부르며 달려와 안겼다. 문도 달려오는 민희를 받아 가슴으로 반갑게 맞아 주었다. 우리는 함께 타로룸으로 향하고 함께 이야기할 준비를 하였다. 민희는 문과 평소에 친해서 이 시간을 전혀 어색해하지 않는 듯 편안해 보였다.

문은 타로를 책상 위에 펼치고 민희에게 오늘 하루를 생각하며 왼손으로 세 장을 뽑아 보라고 하였다. 민희는 카드에 온전히 시선을 고정한 채 왼손으로 세 장의 카드를 뽑았다. 카드를 뽑아내는 민희의 손가락에서 신중함이 문의 눈에 보였다.

〈민희가 뽑은 카드: 왼쪽부터 카드 1, 카드 2, 카드 3〉

민희가 뽑은 세 장의 카드 중,
카드 1) 민희가 불공평하다고 느끼는 것
카드 2) 민희가 해내야만 하는 일들
카드 3) 민희가 통제하고 싶은 관계
에 대해서 이야기하기로 하였다.


먼저 민희가 불공평하다고 느끼는 것은 현재는 없다고 말했다. 문이 가족한테나, 선생님 또는 친구한테, 아니면 사회가 민희에게 불공평하게 대한다는 느낌(민희는 사회적인 문제를 토론할 정도로 매우 똑똑한 학생이어서 문이 이렇게 말할 수 있었다.)을 받는지 묻자 가족이 예전에는 그런 것 같았는데 지금은 아니라고 말했다. 그래서 문은 그럼 현재는 아니고, 과거이기에 나중에 이야기하자고 한 뒤 1번 카드는 살짝 뒤집어 놓았다.

2번 카드에 대해서 이야기할 때는 민희는 아주 적극적으로 이야기하였다. 요즘 할 일이 너무 많다고 했다. 특히 학교 숙제가 많고, 자신의 반에서만 한자 시험을 치고, 영어 숙제도 예전에 비해 많이 늘어나서 숙제하느라 너무 힘들다고 했다. 그 힘듦에 대해 문이 행위적·육체적·심리적 세 가지 측면으로 나누어 다시 물었는데, 행위적인 것은 위에 말한 대로 숙제가 너무 많은 것이고, 육체적인 부분은 많아진 숙제를 해내느라 늦게 자게 되는데 아침에 일어날 때 조금 힘들다고 하였다. 그러나 고통스러울 정도는 아니고 참을 수 있을 정도라고 한다. 그리고 심리적인 부분을 묻자 민희는 심리적인 부분은 힘든 게 별로 없는 거 같다고 말했다.

3번 카드를 통해 우리는 민희가 통제하고 싶은 관계, 즉 내가 누구를 조절할 수 있고, 통제할 수 있고 그 힘을 가질 경우 누구와의 관계를 조절하고 싶은지 묻자, 민희는 "다희"라고 크게 소리쳤다. 다희는 민희의 동생이다. 문은 민희에게 다희에 대한 생각을 이야기할 시간을 제공해 주었다. 민희는 다희는 너무 제멋대로이고, 자기가 왕인 줄 알고 있고, 자신을 너무 만만하게 본다고 말했다. 징징거릴 때는 너무 듣기가 싫다고 말했다. 그런 동생을 가족들이 다 받아주어야 한다고 그래서 힘들다고 말했다. 그래서 자기에게 그럴 힘이 있다면 동생을 통제할 수 있는 힘이 있었으면 좋겠다고 말했다.

> **문:** 다희가 민희의 딸이라면 어떻게 하고 싶어?
>
> **민희:** 내 딸이라고?(머리를 움켜쥐며) 난 바로 쫓아냈을 거야. 참기가 힘
> 들어.
>
> **문:** 민희라면 쫓아낼 거야?
>
> **민희:** 응, 당장 쫓아낼 거야.
>
> **문:** 그렇구나, 호호. 그럼 다희가 민희의 친구라고 생각해 볼까?
>
> **민희:** 응?
>
> **문:** 민희랑 다희가 친구이고, 다희 집에 놀러 갔는데 다희가 가족에게 하는
> 행동들을 보고 있어. 민희는 다희의 어떤 점이 가장 부러워?
>
> **민희:** 음, 다희가 애교를 떨면 가족들이 다 받아주는 거. 그게 부러워. 나
> 는 애교가 없거든.
>
> **문:** 민희가 애교가 없구나. 다희는 애교가 있고….
>
> **민희:** 응, 난 애교가 없어. 애교를 못 떨겠어. 엄마가 애교 좀 떨라고 하는
> 데 잘 못하겠어.

## 2. 과거의 불공평에 대하여

3번 카드까지 다 이야기한 후 우리는 뒤집어 놓은 1번 카드로 다시 돌아왔다. 현재는 그렇지 않지만, 과거에 느꼈던 가족이 불공평하게 대우하는 것처럼 느껴졌던 이야기. 동생이 잘못해도 민희가 혼나거나 행동을 그만두어야 했던 일등을 민희는 차근차근 생각나는 대로 문에게 이야기해 주었다. 지금은 엄마도 아빠도 그러지

않아서 너무 좋다고 말했다.

### 3. 민희의 친구관계

이제 어머니께서 걱정하는 부분인 '친구 관계'로 넘어갈 단계이다. 문은 민희가 다희에 대해서 속 시원히 이야기할 시간을 충분히 준 후, 이제 가족 이야기 다음으로 친구 이야기를 하고 싶다고 말했다. 그래서 문은 다시 카드를 섞었고, 민희 앞에 펼쳤다. 그리고 민희에게 민희의 친구를 생각하고 한 장, 민희의 친구에 대한 태도에 한 장, 이렇게 두 장의 카드를 선택하도록 하였다. 민희는 처음처럼 아주 집중해서 정성스럽게 두 장의 카드를 뽑아서 문에게 건네주었다.

〈민희의 친구 관계에 대한 카드: 왼쪽부터 카드 1, 카드 2〉

### 4. 관계의 발전을 위한 방법 찾기

1번 카드를 보고, 문은 주변에 친구 할 사람도 많고, 만날 기회도 많은데 자신의 친구가 없는지 물었다. 민희는 학원도 다니고 학교에서도 친구들도 많지만 정작 학교에 안 가는 주말에 만나서 놀

친구는 없다고 말했다. 자신도 베스트 프렌드가 있었으면 좋겠는데 민희는 그런 친구가 없다고 했다.

2번 카드를 보고, 문은 친구가 없거나 놀고 싶을 때 민희가 적극적으로 친구들에게 만나자고 하거나 사귀고 싶은 친구에게 적극적으로 다가갈 수 있는지 묻자, 민희 자신은 그러지 않는다고 말했다. 없을 때는 혼자 놀고, 다행히 시간 맞는 친구가 있을 때는 함께 노는 정도라고 했다.

문은 그럼 적극적으로 다가가고 싶은 친구가 있는지 묻자, '예인'이라는 친구 이름을 문에게 알려 주었다.

**문:** 예인이가 좋아?

**민희:** 응.

**문:** 예인이도 민희가 자기를 좋아하는지 알아?

**민희:** 글쎄, 아마 모를걸.

**문:** 그럼 예인이에게 민희 마음을 전달하려면 어떤 말을 하는 게 좋을까?

**민희:** 뭐라고 하지? 생각이 안 나. 어떻게 해?

**문:** 음, 예인이는 듣지 못해. 그냥 우리 둘이 있으니까 예인이에게 민희의 마음을 한 번 표현해 봐.

**민희:** 그런 건 한 번도 안 해봐서 모르겠어.

**문:** 예인이가 앞에 있다고 생각하고 지금 너의 마음을 이야기 해 봐. 딱 한 마디도 좋아.

**민희:** 예인아, 너랑 더 친해지고 싶어.(부끄럽다는 듯 고개를 숙인다)

**문:** 잘했어, 민희야. 문 생각에는 앞으로 농담을 조금씩 섞어서 친구들에게 민희 마음을 표현하는 것도 좋을 것 같아. 그래야 친구들도 민희의 마음을 알지 않을까?

**민희:** 응, 알겠어.


## 5. 스토리텔링

민희랑 노는 사이 상담시간이 훌쩍 지나가 버려서 우리는 간단하게 앞 카드를 정리하고 마지막으로 스토리텔링(다음 상담에서 다루어질 주제 파악에 매우 의미 있는 작업이다)을 하고 첫 번째 상담을 마무리 지었다. 다음 놀이에서는 민희의 진정한 친구가 없는 원인을 한 번 찾아보자고 민희와 문은 약속했다.

민희는 스토리텔링을 위해 다음의 두 카드를 뽑았다. 자신이랑 닮거나 자신의 상황과 비슷한 카드를 선택해 보았다.

〈민희가 선택한 카드: 왼쪽부터 카드 1, 카드 2(니콜레타 세콜리 타로카드)〉

**민희:** 이 소녀는 엄마가 발레리나인데 어렸을 때부터 발레를 배워서 힘들었어. 대회에 나갔는데 실수를 하는 바람에 발레리나 엄마가 화가 나서 한 동작으로 계속 서 있으라고 벌을 줬어.

**문:** 민희랑 이 소녀가 닮은 점은 뭐야?

**민희:** 발레하는 거.

**문:** 이 소녀는 힘들어하는데 민희는 힘들지 않아?

**민희:** 응, 나는 힘들진 않아.

**민희:** (두 번째 카드를 만지며)그리고 이 그림은 큰 밭에서 얘(누워있는 당근)가 기형으로 태어났는데도 주인이 버리지 않고 그대로 뒀어. 그런데 점점 크더니 말썽 부리고 밭도 망치고 깐죽거려서 얘(위에 있는 소녀)가 열 받아서 이렇게 하고 있어.

**문:** 민희는 어떨 때 이렇게 화가 나?

**민희:** 학교 남자애들이 깐죽거리거나 괴롭힐 때 정말 화가 나.

**문:** 민희도 괴롭혀?

**민희:** 나뿐 아니라 거의 모든 여자애들을 괴롭히지. 그럴 때 정말 크크크. (그림을 보며 웃는다)

**문이 민희에게**

민희야, 오늘 민희랑 노는데 시간이 훌쩍 지나가 버렸네. 이야기 잘해
줘서 너무 고마워. 다음에 만나서 민희 동생 이야기, 친구 이야기 더
많이 많이 하자. 힘내요!

**민희 어머님이 문에게**

딸아이의 마음을 더 잘 들여다볼 수가 있게 되어 감사합니다. 엄마의
보살핌이 필요한 동생 때문에 서운하고 억울한 게 많은 걸 알고 있었
지만, 생각보다 심각했었네요. 그 마음 잘 보듬어 보도록 하겠습니다.
딸아이와 특별한 시간 보내주신 선생님께 감사드립니다. 앞으로도 좋
은 멘토가 되어 주세요.

동생이 발달장애가 있다 보니 동생한테 더 집중하는 편이
에요. 그래서 혜진이가 애정결핍인 거 같아 엄마로서 염
려스러워요.

**이름: 고혜진, 11세**

### 타로카드 놀이 의뢰

혜진이는 초등학교 4학년이다. 현재 춤의문 발레하우스에서 열심히 발레를
하고 있고, 수업 시간에 집중력도 좋고, 태도도 바른 여학생이다. 어머니께서
는 혜진이 동생이 발달장애가 있어 동생에게 신경을 많이 쓰는 상황이라고
알려 주셨다. 그래서인지 혜진이가 1, 2학년 때 행동적인 면에서 애정 결핍 증
세(남의 물건을 가져오는 등) 같은 것이 있었고, 그 이후 어머니께서 규제도
풀어 주고 관심을 많이 보였더니 많이 괜찮아진 듯 보이지만 마음속은 어떤
지 염려스럽다고 하셨다.

## 타로카드 놀이 내용

### 1. 혜진의 마음속 여행

혜진이는 약속시간에 맞춰 문에게 찾아왔고, 종이에 곱게 싼 가
래떡 두 줄을 문에게 보여주며 "문도 먹을래?" 하고 물었다. 문은
마침 배가 고파서 혜진이에게 고개를 힘차게 끄덕여 보였다. 혜진
이는 문의 반응을 보고 문에게 한 줄의 가래떡을 주었다. 우리는

함께 가래떡을 먹으며 타로룸으로 들어갔다. 문은 떡을 다 먹고 시작하자고 했고, 떡을 먹으면서 혜진이는 오늘 방과 후에 있었던 일을 문에게 이야기해 주었다.

　잠시 후 문과 혜진이의 손에서 떡의 존재가 사라졌을 때 문은 타로카드를 섞었다.

　**문:** 오늘 무슨 이야기를 하면 좋을까?
　**혜진:** 글쎄, 떠오르지가 않는걸.
　**문:** 그러면 오늘 타로카드에서 나온 주제를 가지고 이야기해 보자.
　**혜진:** 응, 그리고 TV에서 봤을 때 타로카드가 한 번에 차악 펼쳐지던데 그
　　　　게 너무 신기했어.

　이 말이 끝나고 문이 타로카드를 혜진이 앞에 쫘악 펼쳐주자, 혜진은 "우아, 신기해."라며 좋아하였다. 펼쳐진 카드를 신나게 바라보고 있는 혜진에게 문은 왼손으로 요즘 혜진이를 생각하면서 두 장을 선택해 보라고 말했다.

〈혜진이가 뽑은 카드: 왼쪽부터 카드 1, 카드 2〉

혜진이가 뽑은 카드를 보고 문은,

카드 1) 혜진이가 하고 싶었는데 하지 못한 일들

카드 2) 혜진이의 마음의 흐름

에 대해서 이야기하자고 제안했다.

## 2. 혜진이가 하고 싶었는데 하지 못한 일들

첫 번째 카드에 대해서 우리는 먼저 이야기하기 시작했다. 혜진이는 생명과학 수업을 3학년 때까지 들었는데, 자기는 그 수업이 너무 즐겁고 재밌었다고 말했다. 그런데 공개수업으로 하필 돼지 심장 해부하는 것을 해서 엄마가 너무 징그럽다고 했다고 했다. 그 뒤로 4학년 때는 엄마가 그 수업을 신청하지 못하게 해서 재밌었는데 못해서 아쉽다고 말했다. 그리고 발레 공연 연습을 해야 해서 도자기 수업이 앞 시간에 있는데, 시간이 너무 모자라서 여름이 지나면 하지 못한다고 속상해 하였다. 그럴 때 마음이 어떤지 묻자 "좀 싫어."라고 대답했다. 그리고 요즘은 휴대전화가 갖고 싶은데 엄마는 혜진이한테 직접 사라고 했고, 아빠는 어른이 되면 언젠가는 가지게 된다고 말했다며 웃으면서 문에게 알려 주었다. 휴대전화가 왜 갖고 싶은지 묻자, 반에서 대부분 친구들이 다 가지고 있어서 자기도 가지고 싶고, 휴대전화로 게임도 하고 싶다고 말했다. 그리고 휴대전화를 가지고 있는 이 친구, 저 친구 이름을 대며 그들에 대한 부러움을 쏟아냈다.

### 3. 혜진이의 마음의 흐름

두 번째 주제는 혜진이의 마음의 흐름이었다. 역방향이어서 혜진이에게 여기 보이는 물은 우리의 마음인데 뒤집혀서 나와서 혜진이가 표현하지 않는 마음에 대해서 한 번 얘기해 보고 싶다고 말했다. 혜진이가 표현하지 않는 것들이 뭔지 찾아보자고 말하자, 혜진이는 있는 거 같은데 잘 모르겠다고 말했다. 그래서 우리는 마음을 4가지로 구분했고, 그것은 기쁨, 슬픔, 즐거움, 괴로움이었다.

먼저 기쁨에 대해서 이야기 나누기 위해 문은 혜진이가 제일 기쁠 때는 언제인지 묻자, 한참 고민하며 고개를 갸우뚱갸우뚱하였다. 생각이 나지 않는지 한동안 말이 없었다. 한참 기다리다 문은 혜진에게 문은 이럴 때 기쁘다고 힌트를 주었고, 혜진이는 문의 이야기를 들으며 웃었다. 그리고,

**혜진**: 시험 100점 맞았을 때.
**문**: 100점 맞았을 때?
**혜진**: 응, 지난번에 국어시험을 100점 맞았어. 그때 기분 좋았어. 참, 또 생각났어. 엄마, 아빠가 늦게 들어오는 날 혼자 오랫동안 놀 때랑, 친구집에 놀러 가서 밤새도록 놀 때, 히히.

이렇게 이야기하며 몇 명의 친구 이름을 대며 친구들과 같이 놀

때 친구들은 밤새도록 잘 노는데 혜진이는 잠이 많아서 새벽 1시면 졸리다는 이야기, 지난번 친구 집에서 잘 때 분명 잘 때는 해영이가 자기 옆에서 자고 있었는데, 눈 뜨니까 유진이었다는 이야기 등 친구 집에 놀러 가서 있었던 이야기들을 신나게 쏟아냈다.

슬픔에 대해서 이야기 나눌 때는 이사 가기가 싫어서 슬프다고 했다. 지금 집은 친구들 집이랑 연결되어 있어서 언제든지 놀고 싶을 때 찾아가도 되고 복도가 깨끗해서 뒹굴어도 되는데 이사를 가면 그러지 못해서 속상하다고 말했다. 잠시 동안 혜진이는 현재 집이 얼마나 마음에 드는지 이런저런 예를 들어가며 문에게 설명해 주었다.

즐거움에 대해서는 기쁠 때랑 같다고 말했다. 그래서 우리는 즐거움과 기쁨을 하나로 묶고 다음으로 넘어갔다.

다음은 괴로움이었는데 혜진이는 잘 모르겠다고 말했다. 그래서 이번에도 문은 이런저런 상황을 이야기하며 문이 괴로울 때에 대해서 혜진이에게 말했다. 그러자 혜진이는 갑자기 생각났다고 말하여, 예전에 엄마가 자기를 오해한 적이 있는데 은진 언니네 집에 문을 열고 들어갔냐고 물었는데 자기는 아니라고 말했는데도 엄마가 1시간 지나니까 또 물어보고, 또 1시간 지나니까 또 물어봐서 자기를 믿어주지 않았을 때가 생각난다고 말했다. 우리는 잠시 그때 상황을 재연했고 문이 1시간마다 물어보는 엄마를 재연하자 혜진이는 마구 웃었다. 웃는 혜진이가 귀여워 문이 반복해서 "혜진아, 네가 들어갔니?" 하고 말하자 혜진이는 까르르 소리를 내며 웃었다. 우리는 괴로운 이야기를 하며 결국 이렇게 신나게 둘이서 웃고 말았다.

그리고 첫째는 둘째가 태어나면 엄마, 아빠의 사랑을 조금 뺏기는 거 같아 속상해할 때도 있는데 혜진이는 그런 적은 없는지 묻자, 어렸을 때는 생각이 안 나는데 지금은 그런 생각하지 않고 엄마, 아빠를 이해하고, 엄마, 아빠도 동생이랑 혜진이를 똑같이 사랑해 주는 것 같다고 말했다. 그리고 동생이 장난이 심하다는 이야기, 동생이 좋아하는 여자에 대해서 웃으며 문에게 이야기해 주었다.

### 4. 하면 안 되는데 했던 일들
우리는 이야기를 더 하고 싶어 한 가지의 카드를 더 뽑았다.

〈혜진이가 하고 싶은 이야기 카드〉

혜진이가 뽑은 카드를 보고, 문은 동그라미 위에 있는 빨간 여우(왼쪽 바퀴에 매달린)에 대해서 이야기해 주었다. 마음을 흔드는 여우인데 우리가 하면 안 되는 일이지만, 하고 싶을 때는 이 여우가 속삭이는 거라고 말해 주었다. 그래서 우리는 하면 안 되는데 했던 일들에 대해서 이야기하였다. 혜진이는 빨간 여우 이야기를 듣고 웃으면서 영어로 F로 된 이름의 젤리가 있는데 그걸 먹으면 입술이 빨갛게도 되고, 파랗게도 되는데 엄마가 먹지 말라고 했는데 엄마 몰래 먹었던 일을 이야기해 주었다. 엄마는 없지만 누가 들으면 안 된다는 듯 목소리가 작아졌다. 그리고 인라인이나 자전거 탈 때 헬멧을 써야 하는데 하지 않았던 것도 이야기해 주었다. 이럴 때 엄마한테 들키면 조금 혼나는데, 고모는 아주 많이 혼낸다며 고모가 얼마나 무서운지 문에게 한참을 고모가 무서웠던 때를 말해 주었다. 문은 놀란 표정도 짓고 웃기도 하면서 혜진이의 이야기를 들어 주었다.

세 가지 카드의 이야기를 모두 한 후 더 하고 싶은 말이 있는지 묻자, 동물을 키우고 싶다고 말했다. 고양이는 알레르기가 있어서 안 되고 강아지나 앵무새를 키우고 싶고, 아는 친구네 강아지가 얼마나 귀여운지도 설명해 주었다. 그리고 엄마가 반대하는 사정을 이야기하며 아쉬운 표정을 남겼다. 문은 혜진이가 나중에 커서 독립하게 되면 꼭 귀여운 강아지나 앵무새를 키워 보라고 말해 주었고, 혜진이는 꼭 키울 거라고 대답했다.

## 5. 스토리텔링

마지막으로 스토리텔링을 하기 위해 문은 카드를 혜진이 앞에 하나씩 펼쳐 보였고, 혜진이는 진지하게 카드를 살펴보며 마음에 드는 카드를 한 장 선택하였다. 한 장의 카드를 고르는데 매우 신중했고, 오랜 시간 카드를 살펴보며 갈등하는 모습을 보였다. 그리고 성공적으로 한 장의 카드를 선택하였다.

〈혜진이가 선택한 카드(니콜레타 세콜리 타로카드)〉

**혜진:** 이 토끼는 인형인데 커져 가지고… 갑자기 살아나 가지고… 음, 무서워 가지고… 숨었어.

(한참의 침묵이 흐른다)

**문:** 끝?

**혜진:** 크크크크크, 으응. 크크크크.

**문:** 토끼가 인형인데 커지니까 무서워서 소녀들이 숨었다?

**혜진:** 응, 크크크크.

**문:** 혜진이한테는 이렇게 토끼처럼 무서운 존재가 있어? 사람이든, 어떤 일이든?

혜진: 그렇게 무섭진 않은데….

문: 누구?

혜진: 지금 두 사람이 떠올라.

문: 누구?

혜진: 고모랑 아빠.

(중간 생략)


문: 그리고 혜진이를 좀 부담스럽게 하는 일들은 뭐야? 이렇게 숨고 싶을 정도로?

혜진: 다음 주 화요일에 수학시험을 보는데 선생님이 수학 3단원을 다 풀라는 거야. 금, 토, 일, 월 놀지도 못하고 수학 3단원 풀어야 해, 후유.(혜진은 한숨을 쉬며 며칠을 놀지 못하고 공부해야 한다는 압박감에 대해 한참 이야기하였다.)


　　문은 문이 대신 풀어줄 순 없지만, 금, 토, 일, 월 조금씩 풀면 수학 3단원은 이 토끼처럼 그렇게 무서운 존재는 아닐 거라고 말했다. 이 소녀들처럼 겁먹지 말고 잘 풀어서 이 토끼가 작아지게 만들어 보라고 제안도 해 보았다. 혜진이는 웃으며 고개를 끄덕였다.


## 6. 타로카드 놀이 마무리

　　마지막으로 혜진이에게 혜진이 가족에게 바라는 점이 무엇인지 묻자, 아빠가 술을 조금 줄여서 배가 좀 들어가면 좋겠다는 말을 했다. 배 나온 아빠 흉내도 내고 술을 마신 아빠의 빨간 얼굴도 자세히 설명해 보였다, 웃음과 함께. 문은 이 바람이 꼭 이루어져서 혜진이의 마음에 기쁨이 더 커졌으면 좋겠다고 말했다. 그리고 이루어질 수 있도록 함께 믿어 보자고 말했다.

**문이 혜진이에게**

사랑하는 혜진아, 오늘은 문이 혜진이 얘기에 푸욱 빠져서 웃느라 볼이 다 아프구나! 얘기 잘해줘서 고마워. 수학 3단원 열심히 풀어서 꼭 화요일 수학시험에 혜진이가 기뻐할 만한 결과를 얻길 바랄게. 파이팅!

**혜진이 어머님이 문에게**

우리 딸이 생각보다는 즐거운 마음으로 잘 지내는 것 같아서 마음이 좀 놓이네요.

딸이 얼마 전에 국어시험을 100점 맞았다고 해서 제가 좋아한 적이 있었는데, 제가 기뻐하는 것을 보고 본인이 기쁘다고 느끼는 것 같아요. 아이들이 많이 그러하겠지만…. 시험 점수 말고도 다른 기쁨을 느낄 수 있게 제가 노력해야 할 것 같네요. 문 선생님, 정말 감사드립니다.

**사례6** ・

## 너무 힘들어. 스트레스가 너무 많은 거 같아.

이름: 이주이, 9세

**타로카드 놀이 의뢰**

주이는 춤의문 발레하우스에 일주일에 한 번씩 오는 초등학교 2학년 여자 아이다. 어렸을 때부터 보아 와서 문은 발레하우스에서 하는 주이의 행동으로 오늘 주이가 어떠한 기분인지 쉽게 알아차릴 수 있다. 그리고 주이는 아주 예민하기에 작은 일에도 속상해하기 때문에 문은 주이를 많이 살펴보곤 했다. 쉬는 시간에 아이들이 공놀이를 하며 함께 노는데 요즘 들어 잘 웃지 않고, 벽에 서서 아이들 노는 장면을 바라보기만 하는 모습이 자주 눈에 띄었다. 이러한 행동이 반복되자 문이 주이에게 다가가 문이 느낀 마음을 얘기를 하자, "응, 나 너무 힘들어. 스트레스가 너무 많은 거 같아."라고 대답했다. 그리고 문은 어머니께 상담을 제안했고, 이후 문과 주이는 타로카드를 앞에 두고 만나게 되었다.

## 타로카드 놀이 내용

### 1. 주이의 마음속 여행

방과 후에 주이는 엄마와 함께 춤의문으로 들어왔다. 춤의문과 발레를 하지 않고 이야기를 하러 온 것이 다소 어색해 보이는 미소를 지었지만 싫은 느낌은 아닌 것 같았다. 아니 약간 설레어 하는 모습이었다.

오늘 우리의 만남이 주이의 스트레스 때문인 것을 주이도 알기에 문은 카드를 섞으면서 주이의 스트레스에 대해서 잠깐 물어보았다. 문은 계속 카드를 여러 번 섞고 있었고 주이는,

**주이:** 응, 선생님도 있어.
**문:** 선생님 때문에도 스트레스받아?
**주이:** 응, 선생님이 26쪽을 펴라고 하는데 내가 27쪽을 폈잖아? 그러면 내가 지금까지 받은 점수를 깎아. 그리고 나한테 뭐라 뭐라 해.

주이의 말이 끝나기를 기다리고 문은 섞은 카드를 주이 앞에 길게 펼쳤다. 주이는 "아이, 깜짝이야." 하며 펼쳐진 카드를 보며 마구 웃었다. 너무 순식간에 펼쳐져서 신기했나 보다. 아이들은 이 장면을 참 좋아한다. 아무것도 하지 않고 이 장면만 10번 보여줘도 그 날은 치유될 것 같다.

문은 주이에게 요즘 스트레스받는 주이를 생각해서 두 장의 카드를 선택하도록 안내했다. 그리고 주이는 여러 장을 눈으로 훑어보고 2장의 카드를 뽑아 문에게 건넸다. 그리고 마지막 질문은 옛날 과거의 잊혀지지 않은 스트레스를 생각하고 한 장을 뽑아보도록 권했다. 주이는 "나 있어." 하면서 한 장의 카드를 조심스럽게 뽑아 문에게 주었다.

〈주이가 뽑은 스트레스 카드: 왼쪽부터 카드 1, 카드 2(현재 스트레스), 카드 3(과거 스트레스)〉

세 장의 카드를 순서대로 놓고 문은 첫 번째 카드를 보며 '내가 잘하고 싶은데 잘하지 못하는 것'이 있는지(카드 1) 묻자 주이는 고개를 끄덕였다.

그리고 두 번째 카드를 보고 '내가 좋아하는데 그 친구가 나를 마음에 들어 하지 않거나, 나는 잘 지내고 싶은데 친구들이 주이를 싫어할 때'가 있는지(카드 2) 묻자, "없어. 스트레스에 그건 없는 거 같아."라고 말했고, 문은 그럼 두 번째 카드는 아니니까 "뒤집어 놓자."라고 말한 뒤 카드를 뒤집었다. 그리고 세 번째 과거의 스트레스(카드 3)에 대해서는 첫 번째 이야기가 끝 난 후 다루어 보자고 말했다.

## 2. 주이가 잘하고 싶은데 못하는 것

**줄넘기:** 이 주제가 등장하자 주이는 기다렸다는 듯 '줄넘기'라고 바로 대답했다. 같은 반 친구들이 매우 잘하고 자기가 하지도 못하는 쌩쌩이, X자 줄넘기를 쉽게 한다고 혼자 못 하는 게 싫다고

말했다. 그래서 그런 것도 속상한데 친구가 놀려서 더 속상하다고 했다. 어떻게 놀리냐고 묻자, "다 잘하는데 너만 못하잖아."라며 놀린다고 했다. 주이처럼 못하는 애도 있긴 한데 걔는 안 놀리고 자기만 놀린다고 했다. 기분이 어땠느냐고 묻자, "마음이 음… 기분이 안 좋아."라고 대답했다.

문은 그 친구가 누군지 물었고, 주이는 정수라고 말했다. 주이는 정수 이야기를 하면서 한 번은 학교 발표 시간에 자기가 잘하는 것을 발표하는 시간이 있었는데 주이는 달리기를 잘한다고 발표를 했다고 하였다. 그때 멀리 떨어져 있던 정수가 큰 소리로 "너 달리기 못하잖아."라고 말해서 주이는 너무 부끄러웠다고도 말했다. 그리고 정수가 얼마나 친구들을 놀리는지에 대해서, 너무 놀려서 선생님도 정수를 혼내지 않는 이야기들을 줄줄 쏟아냈다.

문은 주이의 정수 이야기가 끝나기를 기다렸고, 정수 이야기가 우리 둘 사이에서 사라진 다음 문은 주이에게 제안을 하나 하였다. 줄넘기는 근육의 운동이라 연습을 하면 잘할 수밖에 없다. 그러니 매주 춤의문에 오는 날에는 수업 전에 줄넘기 연습을 해 보자고 권했다. 그럼 언제쯤 잘하게 되는지 관찰해 보자고 했다. 주이는 마치 고민이 풀린 듯한 표정으로 고개를 힘차게 끄덕였다. 그리고 다이어트를 위해 줄넘기를 하는 언니들이 있어 줄넘기하는 모습이 특별한 것이 아니기에 주이에게도 거부 반응이 없었을 것이다. 그 언니들과 함께하라고 하자 자신 있는 듯 "웅!"이라고 대답했다.

**그림 그리기:** 주이는 그림 그리기를 잘하고 싶다고 했다. 이유를 묻자, 자기 꿈은 화가인데 자기는 그림을 못 그린다고 했다. 이 말을 하면서 주이의 표정은 좌절의 경험을 한 100번은 한 사람처럼 어깨가 축 늘어졌다.

**문:** 누가 주이가 그림을 못 그린다고 그래?

**주이:** 사람들이 내가 그림을 그리면 못 알아 봐. 그럼 못 그리는 거잖아.

**문:** 무슨 뜻이야?

**주이:** 내가 오렌지를 그리면 딸기라고 하고, 딸기를 그리면 오렌지라고 해.

**문:** 그렇다고 못 그리는 건 아니야. 그럼 주이가 한 번 그려 봐. 문이 맞춰 볼게.

**주이:** 뭐라고? 호호. 하고 싶지 않은데… 못 맞출걸.

**문:** 일단 한 번 그려줘.

**주이:** 좋아, 알았어.

〈주이가 그린 첫 번째 그림〉

문은 그림을 보자마자 속에서는 많은 생각들이 소용돌이쳤다.

뭔지 모르겠다. 그래도 주이가 내가 대답을 했을 때 기분 나쁘지 않도록 하기 위해 예쁜걸로 비유했다. 그래서 문은 '장미'라고 말했다.

**주이:** 아니야, 양배추야!

**문:** (수습을 할 때다) 무슨 양배추가 이렇게 예뻐? 예뻐서 먹을 수 있겠니? 세상에.

**주이:** 하하하하하!

문은 속으로 안도의 한숨을 내쉬며 다시 한 번 더 하자고 말했다. 주이도 흔쾌히 내 제안을 받아들여 주었다.

⟨주이가 그린 두 번째 그림⟩

드디어 그 유명한 딸기가 나왔다. 딸기일까? 오렌지일까? 딸기를 그리면 오렌지라고 하고, 오렌지를 그리면 딸기라고 한다는데. 완전 딸기인데 오렌지라고 말하면 기분이 나쁘겠지? 또 문은 혼란에 빠졌다. 에라, 모르겠다.

문: 딸기(설마 오렌지는 아니겠지? 제발!)

주이: 아니야, 오렌지야!

문: (당황함을 숨기며) 난 오렌지에 이렇게 촘촘한 구멍이 있는지 처음 알았네. 주이의 관찰력이 대단한걸.

주이: 그래? 키키키.


문은 마지막으로 한 번 더 그려 달라고 했고, 주이도 재밌는지 하나의 그림을 더 그렸다. 제발 문이 아는 것이 나오기를 바랐다.

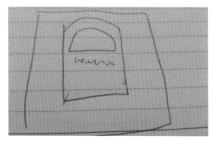

〈주이가 그린 세 번째 그림〉


아, 큰일이다. 제일 어렵다. 모르겠다. 그래도 제일 비슷한 걸로.

문: 우체통

주이: 아니야, 헌옷 수거함이야. 우리 집 앞에 있는 헌옷 수거함이라고.

문: 와, 대단하다. 문제에 헌옷 수거함이 나온 건 처음인데. 대단하다. 어떻게 이걸 그릴 생각을 했지? 너무 독특한걸.

주이: 그래?

문: 응, 나 살면서 헌옷 수거함이 문제에 나온 건 처음이야. 호호호. 그리고

문이 세 개의 그림을 봤지만 주이는 절대 못 그리는 게 아니야. 그냥 사람들이 몰라볼 뿐이야. 그러면 주이가 알려 주면 돼.

주이는 머리를 갸웃갸웃거렸고, 문은 피카소의 '눈물을 흘리는 여인' 그림을 보여 주며 주이에게 제목을 알아맞혀 보라고 말했다.

〈피카소의 눈물을 흘리는 여자〉

주이는 한참을 신중하게 그림을 바라보더니 "얼굴에 물이 가득한 여자"라고 대답했다. 문은 깜짝 놀라며 주이에게 실제 제목을 알려주며, 여자 얼굴에 있는 것을 물이라고 맞추기는 쉽지 않다고 말했다. 주이는 그걸 볼 줄 아는 눈을 가졌고, 그래서 다른 사람들이랑 다르게 그림을 그리는 거라고 말했다. 독특한 것이지 못 그리는 것은 절대 아니라고 말했다.

그 말을 들은 주이는 아이들은 상을 받기 위해서 그림을 그린다. 나도 상을 받기 위해서 그리고 싶은데 그런 생각을 하면 그림이 그려지지 않고 마음에 들지 않는다, 나는 내가 그리고 싶은 그림만 그리고 싶다, 라는 말들을 하였다. 문은 주이의 고민을 듣고 순서를 바꿔보자고 제안을 해 보았다.

① 주이가 눈치 보지 않고 그리고 싶은 대로 그리는 연습을 먼저 한다.
② 그러다 보면 그림 실력이 는다.
③ 그림 실력이 늘면 상을 받기 위한 그림도 자유롭게 그릴 수 있게 된다.

이런 식으로 지금은 상은 조금 포기하고 1번을 먼저 맘껏 해 보자고 했다. 그리고 우리는 주이의 첫 번째 그림 제목은 '장미처럼 예쁜 양배추', 두 번째 그림은 '딸기를 닮은 오렌지', 세 번째 그림은 '우체통처럼 생긴 헌옷 수거함'이라고 제목을 붙였다.

**주이:** 앞으로 내가 그리고 싶은 대로 그려 볼게.

## 3. 주이의 과거 스트레스

세 번째 카드를 보이며 문은 이제 과거의 주이의 스트레스에 대해 이야기할 시간이라고 말했다. 세 번째 카드를 보여 주며 월계관을 쓴 남자가 성공하여 앞으로 나아가는데 역방향으로 나왔기 때문에 그 길이 막히는 거라고 말하며 주이의 과거의 스트레스가 문 생각에는 주이가 지금 행복할 수 있는데 그 길을 막고 있을지도 모르니 서로 이야기해 보자고 말했다.

**주이:** 말할까?

**문:** 응.

**주이:** 어렸을 때 놀이터에서 친구들이랑 놀고 있었는데. 그 놀이기구가 손으로 이렇게(원을 그리며) 돌리는 거야. 그래서 내가 이렇게 돌렸는데 예진이가 갑자기 와서 "내가 먼저 할 거야." 하고 말하면서 내 손가락을 자기 입으로 가져가서 깨물었어.(목이 메어 잠시 침묵) 내가 아무 말도 못하고 울려고 하는데 선생님이 와서 예진이를 혼냈어. 그러니까 예진이가 나를 보면서 "아이, 이주이 때문에 못 살겠어."라고 하면서 나를 쳐다봤어.

주이는 이 이야기를 하면서 좀 전과는 달리 괴로워하였다. 5살 때 일어난 일인데 6살 때는 서로 이야기하지 않았고, 그 뒤 이사를 가서 지금까지 만나지 못했다고 한다.

**문:** 예진이가 어떻게 했으면 좋겠어?

**주이:** 나한테 사과했으면 좋겠어.

**문:** 사과?

**주이:** 응.

**문:** 그럼 그 일에 대해 사과를 받지 못해서 주이에게 큰 상처가 된 거야?

**주이:** 응, 항상 생각나. 기분 좋다가도 이 일을 생각하면 다시 기분이 나빠져.

**문:** 그래서 춤의문에서 수업할 때도 누가 지나가다가 주이를 못보고 부딪혔을 때 울면서 수업 안 하겠다고 하기도 했던 게 바로 그런 걸까? 그

래서 문이 그 친구에게 사과하라고 하고 그 애가 사과하면 주이는 다시 수업을 했잖아.

**주이:** 응, 맞아. 사과를 못 받으면 그때가 생각나.

**문:** 그래서 우리 주이가 예민한 거였구나. 문은 그것도 모르고 마냥 주이가 예민하다고만 생각했네. 이제 알아서 너무 다행이야.

우리는 이 일에 대해서 좀 더 깊게 이야기를 나누었다. 주이는 다시는 만나지 못하는 예진이의 사과에 매우 집착하고 있었고, 만나지 못해서 아무것도 할 수 없는 상황에 대해 답답해하고 억울해하고 있었다.

### 4. 해결방법 찾기

이제 해결방법을 선택할 차례이다.

〈문이 뽑은 해결방법 카드: 왼쪽부터 카드 1, 카드 2〉

문은 해결방법을 위해 카드를 섞고, 두 장의 카드를 선택하였다. 문이 선택한 두 카드를 종합하여 주이에게 제안을 했다. 주이가 지금보다 훨씬 행복해질 수 있는 방법으로 과거의 기억을 조금씩 사라지게 해야 한다(카드 1)고 말했다. 그런데 주이는 그렇게는 못하겠다고 말했다. 예진이를 용서하기가 싫은 듯했다. 아이들에게 어려운 말이지만, 우리는 이 나쁜 기억을 사라지게 할 방법으로 과거의 기뻤던 기억을 꺼내 보았다. 그리고 나쁜 기억은 계속 일어나니 좋은 기억을 일부러 찾아서 하자고 했다. 그러자 주이는 좋은 과거의 기억 몇 가지를 문에게 이야기해 주었다.

그리고 두 번째 방법(카드 2)으로 주이의 상처를 이 컵에 담아서 다른 누군가에게 가자고 했다. 문은 이제 알게 되었으니 또 다른 사람들에게 주이의 그 날의 아픔을 이야기해도 된다고 말했다. 그것이 얼마나 아팠는지. 그러자 얼굴이 밝아지며 "이야기해도 돼? 나 오늘 놀러 가는데 내 친구한테 말할래.", "응, 좋아. 그리고 엄마도 알게 되실 거야. 문이 글로 써서 보내드릴 거거든."

**주이:** 근데 엄마가 알게 되면 내 편을 들까? 엄마도 내 편을 들어주면 좋겠어. 근데 우리 엄마는 아닐지도 몰라.

**문:** 응?

**주이:** 그런 경우 있잖아. 한 아이가 구름다리에서 떨어졌는데 그걸 보고 엄마가 아이 걱정하지 않고 왜 중심을 못 잡았니?라고 하는 거.

**문:** 주이는 이 이야기를 하면 엄마가 주이 편을 들어주면 좋겠어?

**주이:** 응.

## 5. 주이가 예진이에게(해소단계)

주이는 자신의 중요한 과거의 일에 대한 알아차림의 단계가 끝났지만 충분히 해소되기에는 시간이 너무 부족했다. 그래도 문은 오늘 좀 더 단계를 들어가기 위해 해소단계까지 주이를 인도했다.

계속적으로 주이는 사과를 받아야 함을 강조했고, 어떻게 만날 수 있는지, 그리고 실제로 만날 수 없음에 안타까움을 나타냈다.

〈우리가 선택한 예진이 카드〉

우리는 이 카드를 선택하여 예진이에게 하고 싶은 말을 해 보자고 했다. 사람들에게는 좋은 아이지만 주이에게는 이 가면을 쓰고 나쁜 짓을 했다. 주이는 이 카드를 유심히 바로 보고 있었고, 문은 주이가 하고 싶은 말을 하도록 충분히 준비시켰다. 상처받았지만 다시는 보지 못하고 사과도 받지 못하는 예진에게 한마디라도 내뱉는 것은 해소 단계에서 매우 중요하다.

**주이: 못하겠어.**

**문:** 이렇게 계속 아프면 안 되잖아.

(주이는 이런 상황이 어색한지 웃다가 고민하다가, 다시 웃다가 고민하는 모습을 반복해서 보임.)

그리고는,

**주이:** 야 이 기지배야! 사과 좀 해 주면 안 되니?

(잠시 후)

**주이:** 끝이야.

**문:** 얼마나 아팠는지도 말해줘. 얼마나 속상했는지….

**주이:** 네가 나 때문에 못 산다고 했는데… 나도 너 때문에 못 살겠어. 스트레스를 너무 많이 받아서. 그러니까 빨리 사과 좀 해 주면 안 돼?

## 6. 가상의 사과

'사과'를 갈망하는 주이를 위해 문은 가상의 사과로라도 보상해 주어야 함을 느꼈다. 다음의 카드는 문이 선택하였고, 문이 가상의 예진이가 되어 주이에게 사과하였다.

〈주이를 상징하는 카드〉

**예진:** 주이야, 미안해. 나도 그날 놀이기구를 너무 돌리고 싶었어. 그런데 네가 돌려 버려서 순간 나도 모르게 네 손가락을 깨물었어. 미안해. 그 일 때문에 네가 그렇게 아파하는지 몰랐어. 정말 미안해. 손가락 많이 아팠지?

주이는 진짜 예진이 마음이 그럴까? 하고 문에게 물었고, 문은 우린 그렇게 믿자고 말했다. 왜냐하면 주이의 행복이 더 소중하기 때문이라고 했다.

## 7. 이해

모든 상담을 마무리하면서 지금까지의 이야기들을 정리하였다. 정리하는 과정에서 주이는 갑자기 슬픈 생각이 났다고 했다.

**주이:** 예전에 진이 언니랑 물놀이 간 적이 있는데 내가 그 언니 옷에 물을 조금 묻혔는데 그 언니가 화를 내면서 바가지에 있는 물을 나한테 다 쏟았어.

**문:** 진이 언니?

**주이:** 응

**문:** 주이야, 미안한데 진이 언니 일은 문이 대신 사과하고 싶어. 왜냐면 진이 언니가 그때 당시 왕따를 당하고 있었거든. (진이는 문과 타로카드 놀이 상담을 하던 아이였다.)

**주이:** 뭐라고? 왕따?

**문:** 응, 그렇지 않았다면 주이에게 그러지 않았을 거야. 그때 언니도 너무

힘들어서 자기에게 조금이라도 피해가 오면 그런 식으로 행동했어. 그러나 지금은 달라. 지금은 언니가 많이 변했어. 그때 문이 상담할 때거든. 그래서 문이 대신 사과하고 싶어.

**주이:** 정말? 어쩐지 그때 너무 무서웠어. 언니도 얼마나 힘들었을까? 휴우.

## 8. 타로카드 놀이 마무리

우리는 스트레스에 대해서 주이가 더 하고 싶은 이야기를 더 나누었다. 그리고 문이 배운 스트레스에 관한 과학적 지식도 함께 나누었다. 스트레스가 아예 없다면 면역력이 없어져서 우린 죽게 된다고. 그러자 주이는 "너무 많아도 힘들어서 죽잖아?", "그렇지! 그러니까 너무 많아도 안 되고, 아예 없어도 안 되고.", "그렇구나!" 우린 함께 웃으며 이런 결론을 짓고 오늘의 상담을 끝냈다.

**문이 주이에게**

나의 사랑하는 주이야, 주이가 그런 아픔이 있는 걸 문이 이제야 알 다니. 이해하지 못했던 행동들이 이제 이해가 되는구나! 그래도 우리 이렇게 이야기했으니까 주이의 행복을 위해서 조금씩, 조금씩 상처를 지우면서 살자. 왜? 우리 약속했잖아 주이가 더 행복해지기 위해서. 사랑해. 참, 다음에 주이가 그런 그림의 제목은 문이 항상 지어 주고 싶어.

**주이 어머님이 문에게**

아이의 고민을 선생님이라기보다 친구 입장에서 들어 주시는 모습이 너무 보기 좋습니다. 요즘 아이들은 부모한테도 말 못할 고민들이 많을 텐데… 문 선생님이 이모 같은 입장에서 받아주니 왠지 정겹기도 하고 아이가 편하게 이야기했던 것 같네요.

어떤 얘기든 하고 싶어요.

이름: 한수미, 13세

**타로카드 놀이 의뢰**
수미는 문과 오랫동안 알고 지낸 초등학교 6학년 여자아이다. 문에게는 딸이
라면 딸 같은, 조카라면 조카같이 아끼는 학생이다. 6학년이 되어서 수미는
새로운 친구를 사귀게 되었는데 수미가 친구들을 너무 좋아한 나머지 이 친
구들을 사귀면서 발레 학원에도 매번 지각을 하고, 택견 학원도 몇 번이고 부
모님 모르게 결석을 하면서 친구들이랑 놀러 다니곤 했다. 그러한 행위를 알
게 된 문이 수미와 이 부분에 대해서 이야기를 많이 나누었고, 이후 수미는
문과 약속하여 자기의 할 일은 제대로 하면서 친구와 놀기로 약속을 했고, 수
미는 문과의 약속을 잘 지켜 나갔다. 요즘에는 모범적으로 행동하는 모습을
문에게 보여 주었는데, 얼마 전 스스로 문에게 와서 타로 상담을 하고 싶다
고 의뢰를 해왔다. 수미는 속 깊은 이야기는 잘 하지 않기 때문에 문은 문에
게 솔직하게 이야기할 마음을 가지고 와야 한다고 했고, 준비가 되었는지 수
미는 어떤 이야기든 하고 싶다며 문에게 손을 내밀었다.

## 타로카드 놀이 내용

### 1. 수미의 마음속 여행

문과 수미는 타로카드 놀이 상담을 하기로 하고 함께 타로룸으
로 들어갔다. 무슨 이야기든 할 자신이 있는 얼굴로 찾아온 수미
는 막상 자리에 앉으니 어색해했고, 무슨 이야기를 해야 할지 모

르겠다고 말했다.

**수미:** 무슨 이야기를 해야 할지 모르겠어요.
**문:** 그냥 타로카드가 이야기하라고 하는 것만 이야기하자.
**수미:** 아, 좋아요.

수미의 어색함을 빨리 해소해 주고 싶은 문은 수미의 좋다는 반응을 들으며 바로 카드를 섞었고, 수미 앞에 길게 펼쳐 보였다. 그리고 수미에게 수미의 마음속으로 들어가서 한 장 선택해 달라고 부탁했고, 수미는 깊게 생각하진 않고 카드를 빠르게 눈으로 훑어서 한 장을 선택하여 문에게 건넸다. 이런 방식으로 우리 사이에 세 장의 카드가 선택되어 우리의 이야기를 기다리고 있었다.

〈오늘 나눌 이야기 카드: 왼쪽부터 카드 1, 카드 2, 카드 3〉

수미가 선택한 카드로 각각,
카드 1) 현재 만족스러운 생활
카드 2) 너무 많은 할 일들
카드 3) 공상 또는 꿈꾸는 것들

에 대해서 이야기해 보자고 하였다. 수미는 좋다고 이야기했고, 우리는 카드 순서대로 이야기를 시작하였다.

### 2. 현재 만족스러운 생활

먼저 **카드 1)**을 보고 요즘 생활이 만족스러운지 묻자, 수미는 그렇다고 대답했다.

**수미:** 네, 맞아요. 지금 내 생활에 너무 만족해요.

**문:** 그래? 좋네. 좀 더 구체적으로 말해 줄 수 있어?

**수미:** 음, 발레 대회도 잘 끝냈고, 음, 친구들이랑 사이도 좋아요. 그 정도?

**문:** 그래? 가족관계는?

**수미:** 가족요? 좋아요.

**문:** 성적은?

**수미:** 만족해요.

**문:** 수미 외모에 대해서는?

**수미:** 히히, 맘에 들어요. 키키키.

**문:** 경제적인 거는? 용돈이 부족하다거나?

**수미:** 크크, 그런 건 없어요. 만족해요.

수미는 요즘 특별하게 신경 쓸 것이 없이 편안하게 흘러가고 있는 자신의 생활이 만족스럽다며 편안한 얼굴로 문에게 이야기해 주었다.

문은 자신의 생활에 만족해하는 수미를 보니 문 마음이 편하고 좋다고 말한 후 첫 번째 카드를 정리하였다.

### 3. 너무 많은 할 일들

**카드 2)**를 두고 문은 수미에게 요즘 할 일이 많은지 묻자, 수미는 이 질문이 반가웠는지 눈을 예쁘게 동그랗게 뜨며 "네, 너무 많아요."라고 말했다. 문은 어떤 일들이 있는지 물었고 수미는 조금 부담스러운 자기가 해야 할 일들에 대해서 문에게 이야기해 주었다.

> **수미:** 먼저 가야 하는 학원이 많아요. 그리고 숙제도 많고, 학교 일도 벅차요. 그러니까 쉬는 시간이 있는데도 수업 시간에 할 것들이 너무 벅차요. 수업 시간이 너무 길게 느껴져요.
>
> **문:** 수업 시간이 길면 어때? 지루하진 않아?
>
> **수미:** 너무 지루해요. 너무 길어요.
>
> **문:** 할 일이 이렇게 많으면 기분이 어때?
>
> **수미:** 부담스럽죠. 해야 한다는 부담감이 있어요. 그래서 너무 벅차서 가끔 숙제도 안 해 가요.
>
> **문:** 숙제 안 해 가면 혼나지 않아?
>
> **수미:** 혼나요. 그냥 힘드니까 혼나면 되지 하는 생각이 들어요. 그래서 안 해 갈 때가 있어요.
>
> **문:** 해야 할 일을 못했을 때 느낌은 어때?
>
> **수미:** 그냥 내가 못했구나, 이런 생각이 들죠.
>
> **문:** 괴롭거나 자기가 바보같이 느껴지거나 그러진 않아?

**수미:** 아니요, 그 정도는 아니에요. 그냥 못했구나. 이정도요.

**문:** 그래? 그럼 수미가 아주 괴로울 정도로 힘든 일들은 아니구나.

**수미:** 네, 맞아요. 그냥 견딜 수 있는 수준인 거 같아요.

## 4. 공상 또는 꿈꾸는 것들

**카드 3)**으로 우리는 수미가 공상을 즐기는지, 또는 꿈꾸거나 미래를 상상하는 일에 대해서 이야기해 보기로 하였다.

**수미:** 네, 요즘 멋있는 걸 보면 '나도 저렇게 되어야지.', '나도 해 봐야지.' 하는 생각이 많이 들어요.

**문:** 예를 들면 어떤 게 있어?

**수미:** 음, 저번에 학교에서 금연 뮤지컬을 했는데 배우가 노래 부르고 춤추는 거 보니까 나도 배우가 되어야겠다, 뮤지컬을 해야지, 하는 생각이 들었어요. 그리고 지난번 아웃백(패밀리 레스토랑)을 갔는데 거기에 있는 TV에서 바텐더가 컵에 뭐를 넣고 흔들고 컵에 담아서 예쁘게 뭔가를 만드는 장면이 나왔는데 그걸 보고 나도 바텐더가 되어야겠다 생각했어요. 히히. 그냥 요즘 그렇게 멋있는 거 보면 나도 그렇게 되고 싶어요.

문은 그런 수미의 상상들이 마음에 든다고 말했고, 사실 문도 그렇다고 말했다. 문은 발레를 전공했지만 살사가 멋있어서 살사를 했다고 말해 주었다. 그래서 살사도 하는 발레 선생님이 되었다고 말했다. 그리고 타로하는 사람을 보고 멋있어서 타로 공부를 해서 지금 수미와 함께 타로 놀이를 한다고 말했다. 그래서 문은 살사도, 타로카드도 하는 발레 선생님이 된 것이라고 말했다. 즉, 요즘 시대에는 다양한 경험을 많이 할 수 있기에 자신이 좋아하는 것을 몇 가지나 할 수 있는 사람이 될 수 있다고 설명해 주었다. 그래서 문은 수미도 배우인데 엄청 발레를 잘하는 배우, 또는 뮤지컬 배우인데 칵테일을 너무도 잘 만드는 바텐더 같은 배우가 충분히 될 수 있고, 이후 멋있는 걸 보면 또 다른 모습도 만들 수 있다고 말했다. 그리고 수미의 생각들이 너무 멋있다고 멈추지 말고 상상하고 자신의 모습을 그려보라고 격려해 주었다. 수미는 웃으며 "네!"라고 대답했지만 실제로 어떤 마음인지는 문도 확실히 알 수는 없었다. 그러나 카드 3)번의 이야기가 끝나고 우리 둘은 기분이 좋아져 있었다는 것은 분명했다.

### 5. '상처' 카드에 대하여

세 가지의 카드 주제가 끝나고 문은 한 가지만 더 수미와 이야기하고 싶다고 마음을 전했고, 수미도 좋다고 말했다. 그리고 이번에는 문이 카드를 뽑아 보기로 하고, 그 주제에 대해서 이야기하자고 권했다.

〈문이 뽑은 카드〉

문이 뽑은 카드는 위의 카드였고, 나는 이 카드의 주제를 '상처'라고 이름 지었다. 그리고 수미의 상처에 대해서 이야기해 보자고 말했다.

**문:** 그림만 봐도 참 마음 아픈 거 같아.

**수미:** 맞아요, 히히히.

**문:** 이 카드의 하트가 아프니까 '상처'라고 이름 짓고 상처에 대해서 한 번 이야기해 보자.

**수미:** 상처요?

**문:** 응, '상처' 하면 떠오르는 기억이 사람마다 있는데 수미도 있어?

**수미:** 아, 네에. 제가 요즘 학교에 은근 지각을 많이 했거든요. 그러면 친구들이 집도 가까운데 지각한다며 한마디씩 해요. 여러 명이서. 이해가 안 된다고 하면서요. 한 명도 아니고 다 같이 저한테 그러니까 속상했어요.

**문:** 어머머.

**수미:** 그래서 여러 명이 그러니까 제가 속상해서 울었어요. 나한테만 너무 관심을 가진다는 느낌이 들어서 싫어요. 또 학교에서 잘못한 게 있

으면 이름을 적거든요. 그리고 그 이름 옆에 곱하기를 해요. 그래서 제가 곱하기 4가 된 거예요. 그러면 애들이 너 곱하기 5가 아니냐면서 제가 기억 못하는 것까지 기억해내서 막 곱하기 5라고 해요. 딴 애한테는 안 그러고 꼭 나한테만 그래요.

문: 수미한테만? 왜 그럴까?

수미: 제가 실실 웃고 다니니까 만만해서 그러는 거 같아요.

문: 걔들에게 어떻게 하고 싶어?

수미: 근데 그 정도는 참을만 해요. 아니면 가서 따지죠.

문: 가서 따진 적 있어?

수미: 아니요. 그냥 그러려니 해요. 같이 안 놀면 되니까요.

문: 그렇구나. 참, 그리고 얼마 전에 엄마 얘기하면서 수미가 운 적이 있잖아.(몇 주 전 우연히 이야기하던 중에 엄마 이야기를 하다가 수미가 울었던 기억이 떠올랐고, 그 일을 좀 더 지금 주제와 연결하여 이야기하고 싶었다.) 그 이야기도 지금 하면 좋을 것 같아.

수미: 네, 맞아요. 그냥 엄마가 자주 늦게 들어와요.(수미 어머니는 사회운동 참여를 자주 하신다.) 그러면 주위 사람들이 엄마가 아이들을 너무 방치하는 게 아니냐고 걱정하는 말들을 해요. 저는 엄마가 욕 듣는 게 싫거든요.

문: 그 얘기 좀 더 해 줄 수 있을까?

수미: 음, 제가 아주 어렸을 때인데요. 엄마가 슬퍼하는 것을 봤어요.

문: 왜? 엄마가 수미 앞에서 울었어?

수미: 아뇨. 울었는데 내가 보니까 멈췄죠. 그리고 엄마가 얘기해 줬어요. 사람들이 엄마에게 애를 그렇게 키워도 되냐는 식으로, 너무 방치하는 게 아니냐고. 그래서 엄마가 울었다고요.

**문:** 그때 수미 마음이 어땠는지 기억나?

**수미:** 네, 엄마한테 욕한 사람이 싫었어요. 엄마를 울게 했으니까요.

그리고 아이들이 우리 엄마 착하다고 부럽다고 하는데 처음에는 그게 기분이 좋았거든요. 그런데 요즘에는 너무 그 말이 싫어요.

**문:** 예를 들면?

**수미:** 그러니까 친구가 자기 엄마는 이것도 안 사주고, 저것도 안 사주고 이러면 저는 우리 엄마는 사주는데, 라고 말해요. 그리고 우리 엄마는 잘 사줘요. 그럼 애들이 "헐, 부럽다. 너희 엄마 너무 착하다. 그런 엄마 둬서 너는 좋겠다. 너희 엄마는 다 해 주네." 뭐 이런 식으로 말을 해요. 그런데 그 말을 들으면 기분이 나빠요.

**문:** 왜? 엄마 칭찬하는 말인데 왜 기분이 나빠?

**수미:** 그럴 때 예전에 어떤 언니가 애들한테 사달라는 거 다 사주면서 키우는 건 애들 망치는 거라고 말하더라고요. 그 말 듣고 나서는 애들이 우리 엄마 좋다고 부러워하면 화가 나요. 기분이 나빠지고요. 이제 그런 말 듣기 싫어요.

**문:** 수미는 그렇게 생각하니? 엄마가 수미를 그렇게 키워서 수미가 망쳐졌다고 생각하니?

**수미:** 아니요, 아니에요.

**문:** 그렇지? 그럼 그 말은 사실이야? 아니야?

**수미:** 사실이 아니에요.


수미는 엄마에 대한 주변의 시선에 대해서 자기가 들었던 이야기들을 한참 털어놓았다.

## 6. 해결방법 찾기

　수미는 어렸을 때 엄마를 비난하는 주위의 말들로 인해 엄마가 슬퍼하는 모습을 상처로 기억하고 있었고, 자신이 엄마의 좋은 점을 이야기했는데 오히려 그것이 자식을 망친다는 이야기를 듣고 난 후 더욱더 엄마의 이야기를 남들에게 하는 것을 꺼리고 있었다. 문은 그런 상처로 인해 잘못 인식된 수미의 생각을 해결해 주고 싶었고, 수미의 행복을 위해 사실이 아닌 문제를 함께 해결하고 싶다고 말했다. 그리고 우리 둘은 해결방법으로 타로카드를 수미가 한 장, 문이 한 장 뽑아 보았다.

〈우리가 뽑은 해결방법 카드: 왼쪽부터 카드 1, 카드 2〉

　해결방법 카드는 문이 수미에게 카드의 해석보다는 수미의 사고의 변화를 위해 적절히 심리적으로 접근하여 해석해 주는 것이 필요했다. 문은 수미가 뽑은 해결방법 카드를 보고 수미에게 질문했다.

**문:** 수미는 엄마가 수미를 잘 못 키웠다고 생각해?

**수미:** 절대 아니에요.

**문:** 엄마가 너희들을 자유롭게 키우는 것으로 인해 수미 오빠가 나쁘게 자랐어?

**수미:** 아니요, 절대요.

**문:** 그럼 네가 그 생각을 단호하게 밀고 나가야 해. 엄마는 다른 사람들과 다르게 너희들을 키울 뿐이야. 절대 나쁜 게 아니라고 네가 이 카드의 왕처럼 확고하게 자신감을 가져야 해. 그런 엄마에 대한 자신감, 누가 뭐라고 해도 흔들리지 않는! 누군가 와서 자식을 망치는 방법이라고 말해도 아니라고 말할 수 있고, 그 말에 상처받지 않는 단호함!

**수미:** 네, 알겠어요.

**문:** 그리고 문이 뽑은 해결방법은 엄마의 지금 자녀교육 방식이 맞다고 생각하고 네가 바른 아이라면 넌 달라질 필요가 없어. 이대로 지금처럼 계속 행동하면 돼. 네가 아닌 걸 보여 주려고 더 좋은 아이가 되려고 노력할 필요도 없고 그냥 지금처럼 잘 자라 주면 돼. 지금도 수미 훌륭하게 컸잖아. 그러니 이대로 훌륭하게 자라면 되는 거야.

**수미:** 네, 알겠어요.


이 해결방법이 얼만큼 수미에게 도움이 될지는 모르겠지만, 엄마가 틀리지 않았다는 수미의 마음이 확고해져서 주변의 그런 말들에 상처받지 않기를 문은 바랐다.(여기서 실제 수미 어머니의 교육방식을 다룰 필요는 없다. 수미가 엄마에 대해서 어떻게 생각하는지가 가장 중요하고 수미는 엄마의 사회운동으로 인한 바쁜 일정을 이해하고 존경하고 있었다.)

## 7. 스토리텔링

상담이라는 것이 가벼운 이야기로 시작되고 끝날 수 있지만 뜻하지 않게 소화하기 힘든 무거운 주제가 될 수도 있기에 아동과의 상담의 마무리에서는 재미있는 이야기로 마무리지으며 상담을 가볍게 끝내는 것이 중요하다. 또한 장기 상담일 경우 스토리텔링을 통해 상담 주제와 관련하여 많은 소스를 얻을 수 있고, 아동의 심리상태를 파악하는 데 매우 유용하다. 그러나 단기 상담일 경우에는 1차적인 이야기 놀이로써 끝내는 것이 좋다.

〈수미가 선택한 카드들(니콜레타 세콜리 타로카드)〉

**문:** 이 카드로 재밌는 이야기 좀 해 줄래?

**수미:** 히히, 이야기요?

**문:** 응, 완전히 엉뚱한 이야기도 좋아. 이상한 나라 앨리스처럼 말이야.

**수미:** 히히, 음…. (왼쪽부터 순서대로) 얘가 화가 났어요. 그래서 화나게 한 사람을 혼내주려고 위험한 길을 나서요. 그래서 찾아가서 혼을 냈는데 그 사람이 아닌 거예요. 그래서 실패하고 집에 와서 진정이 되어서 쉬고 있어요.

**문:** 히히히, 집에 와서는 좀 화가 풀렸어?

**수미:** 네에, 진정이 되었어요. (웃음)

**문:** 그럼 우리 앞 상황을 두 가지만 더 만들어 볼까?

**수미:** 어떻게요?

**문:** 화가 난 앞의 상황을 한 번 생각해 보자. 왜 화가 났지?

**수미:** 음, 이상한 문자를 받았거든요.

**문:** 어떤 문자?

**수미:** 얼레리꼴레리요.

**문:** 수미는 그런 문자 받아 봤어?

**수미:** 아니요.

**문:** 히히, 재밌네. 그럼 그 앞 상황도 만들어 보자. 문자가 어떻게 해서 오게 된 걸까?

**수미:** 사람들이 모여서 모의를 하는 거예요. 얘한테 문자를 보내자구요.

**문:** 히히히. 그럼 순서대로 하면 사람들이 모여서 얘한테 '얼레리꼴레리' 문자를 보내자고 모의를 하고 문자를 보내, 그리고 문자를 받은 아이는 화가 나서 얘들을 찾아서 혼내 주려고 길을 떠나. 근데 잘못 찾았어. 그리고 얘는 집에 와서 진정이 되어서 휴식을 취해.

**수미:** 히히, 맞아요.

## 8. 타로카드 놀이 마무리

스토리텔링으로 문과 수미는 깔깔대고 웃고는 오늘의 상담을 마무리하기로 하고 마지막으로 문은 수미가 엄마에게 한마디했으면 좋겠다고 말했다.

**문:** 수미가 어렸을 때 엄마가 슬퍼하는 모습을 봤을 때가 몇 살이야?

**수미:** 몰라요. 아주 어렸어요, 학교 가기 전.

**문:** 그럼 우리 4살이라고 하자.

**수미:** 네.

**문:** 그리고 지금 수미는 몇 살이야?

**수미:** 13살이요.

**문:** 좋아. 지금 아주 시간이 많이 흘렀네. 이제 수미는 과거로 돌아가서 엄마에게 얘기를 할 거야. 그리고 현재로 다시 돌아와서 엄마에게 얘기할 거야. 그때 너무 어려서 엄마에게 아무 말 못했지만 그때로 가서 엄마에게 하고 싶은 말을 하고, 지금 우리 수미가 엄마에게 하고 싶은 이야기를 해 보자.

**4살 수미:** (엄마가 슬퍼하는 모습을 본 후) 엄마, 그 사람들 말은 사실이 아니야. 나는 괜찮아.

**13살 수미:** 엄마, 엄마가 나를 걱정 안 한 게 아니라 나를 믿어 준 거라고 생각해. 난 그런 엄마가 정말 좋아.

**문이 수미에게**

사랑하는 수미야, 엄마를 생각하는 너의 마음이 너무도 예쁘구나. 함께 놀이하면서 슬퍼하는 엄마를 보는 너의 모습이 문도 느껴져서 너무 슬펐어. 하지만 우린 알잖아. 그것이 나쁜 것이 아니라는 걸. 수미는 누구보다 훌륭하게 자라고 있잖아. 엄마의 사랑으로 말이야. 앞으로 누가 뭐라고 하든 절대 흔들리지 마.

오늘의 상담이 수미에게 도움이 되어 이제 당당하게 엄마를 자랑하고 친구들이 부러워하면 당당하게 우쭐할 수 있는 수미를 꿈꿔 볼게. 수미 파이팅!

**수미 어머님이 문에게**

주변 말에 흔들림 없이 당당하게…. 멋지네요.

**· 사례8 ·**

우리 아이는 자신감이 없고, 자신이 잘하지 못한다고 걱
정을 합니다. 누구보다 끼가 많은 아이인데….

**이름: 오지연, 14살**

**타로카드 놀이 의뢰**

지연이는 중학교 1학년 여학생이다. 어머니는 지연이가 누구보다 끼가 많은
아이인데 자신감이 없고, 자신이 잘하지 못한다고 자주 걱정하는 모습이 안
타까워 한 번 타로 놀이로 살펴보고 싶다고 하셨다.

## 타로카드 놀이 내용

### 1. 지연이의 마음속 여행

영어 학원을 마치고 숨을 헐떡이며 혼잣말로 "나 오늘 미칠 것
같아, 힘들어." 하며 타로룸으로 들어왔다. 그리고 지연이는 서둘
러 큰 가방을 내려놓고, 의자에 털썩 주저앉았다. 문이 보기에도
이제야 살 것처럼 편안해 보이는 자세였다. 문도 오늘은 좀 피곤하
다며 하품을 하며 피곤한 기색을 지연이에게 표현하였다. 그리고

둘 다 피곤한 사람끼리 한 번 얘기해 보자며 문은 타로카드를 섞었고, 지연이는 "히히." 하고 가볍게 웃어 보였다.

**문:** 어떤 이야기를 하면서 놀까?

**지연:** 글쎄.

**문:** 할 이야기는 너무 많으니까 우리 카드에서 나오는 주제를 놓고 한 번 이야기해 보자.

**지연:** 좋아.

문은 대화를 하면서 섞은 카드를 지연 앞에 펼쳐 보였다. 순식간에 펼쳐지는 타로카드가 신기한지, "와아!" 하고 감탄을 했다. 그리고 문은 지연에게 왼손으로 세 장의 카드를 선택하도록 안내했고, 지연이는 장난기가 전혀 없이, 진지한 표정으로 세 장의 카드를 선택하여 문에게 건네주었다.

〈지연이가 뽑은 카드: 왼쪽부터 카드 1, 카드 2, 카드 3〉

세 장의 카드를 건네받은 문은 카드를 보고,

**카드 1)** 계획했지만 뜻대로 되지 않은 일들

카드 2) 너무도 간절히 원하는 일

카드 3) 불만족스러운 일들

에 대해서 이야기해 보자고 말하자, 지연이는 좋다며 고개를 끄덕였다.

## 2. 계획했지만 뜻대로 되지 않은 일들

우리는 카드 주제 순서대로 이야기를 하였는데 지연이는 먼저 엄마랑 일주일에 1권씩 책 읽기로 했는데 거기까지는 좋았지만, 2권 읽기로 늘리면서 계획이 틀어졌다고 말했다. 1권까지는 잘해냈는데 2권은 힘들었다고 말했다. 그래서 그 계획은 지킬 수 없었고, 공부에 관해서는 자꾸 계획을 못 지키는 자신의 모습에 대해 설명해 주었다. 그럴 때는 지연이 자신에 대해서 어떤 생각이 드냐고 문이 묻자, 짜증 나고 실망스럽다고 말했다. 스스로에게 '이럴 줄 알았다.' 하는 생각이 든다고 말했다.

## 3. 간절히 원하는 일

두 번째 주제인 간절히 원하는 일에 대해서 이야기할 때는 지연이는 참으로 흥분되어 있었다. 얼굴이 이전보다 환해지면서 자신의 이야기를 하였다. 공부고 뭐고 아무것도 하지 않고 딱 1년만이라도 춤추고 노래 부르는 일만 하고 싶다고 말했다. 자신은 춤추는 것이 너무 좋고, 노래 부르는 것이 너무 좋다고 말했다. 문은 지연이가 상상의 나래를 피며 자신의 꿈을 이야기하는 지연이의 이야기를 한참 들어 주었다. 듣고 있는 문도 기분이 덩달아 좋아졌고, 그래서 문도 한 번 그렇게 해 보고 싶어졌다고 말하자 지연이는 큰 소리로 웃었다. 그리고 지금 당장 못하더라도 성인이 되어 혼자 결정할 수 있을 때 꼭 그렇게 하길 바란다고 말했다. 또 문도 영국에 다시 가서 춤만 추고 오고 싶다고 말하며 문과 지연은 신나게 떠들었다. 신나, 신나, 룰루랄라!

## 4. 불만족스러운 일들

두 번째 주제를 정리하고, 세 번째 주제인 '불만족'에 대해 이야기해 보자고 문은 안내했고, 지연은 음, 뭐가 불만족이지? 하고 잠시 고민하는 모습을 보였다. 문은 일상에 모든 것, 즉 음식, 학교생활, 친구, 외모, 키, 공부, 가족 등등 뭐든 괜찮다고 알려 주었다. 그 말이 끝나자 지연이는 바로 **"난 자신감이 없는 게 불만족이야."** 라고 말했다. 어머니의 걱정과 일치하는 부분이라 문은 더욱 집중하여 지연이의 이야기를 들었다. 지연이는 학교에서 발표하는 과정, 방송 댄스를 연습하며 춤추는 과정 등 여러 상황을 이야기하며 자신감이 없어서 물러나는 모습에 대해서 자세히 이야기해 주었다. 그나마 공부에는 자신이 없고 춤에서는 자신감을 가지고 싶은데 중학교 들어가니까 춤 잘 추는 애들이 많아서 자신은 낄 때가 없다고 말했다. 그러면서 춤을 못 추는 자신의 모습이 불만족스럽고, 공부를 못하는 자신의 모습도 불만족스럽고, 그중 수학을 못하는 것, 그리고 가족관계가 불만족스럽다고 말했다. 이에 대해

지연이는 자신의 이야기를 쉬지 않고 한참 쏟아냈다.

공부를 못하는데 잘하고 싶은 마음은 있는지 문이 묻자, 5%는 잘하고 싶은데, 95%는 잘해도 그만, 못해도 그만이라는 생각이 든다고 말했다. 가족은 엄마, 아빠가 늦게 들어오는 것은 이제 익숙해져서 괜찮은데 아빠가 너무 무뚝뚝하고 자상하지 않고, 잔소리가 많아 속상하다고 말했다. 아빠가 집에 있으면 계속 잔소리만 해서 불편하다고 말하며, 그래서 자신이 이런 가족관계를 조금 변화시켜보려고 가족사랑 캠페인을 신청했다. 그래서 모두 참석하기로 했는데, 아빠는 그 전날 울산에 가야 한다고 말했다며 자신의 노력이 필요가 없다며 아쉬워하였다.

학교에서 스트레스 지수 검사를 했는데 자신은 위험수위로 나왔다며 웃었다. 그래서 스트레스 해소하는 방법을 찾았는데 춤을 추면 괜찮아져서 집에서 4~5시간은 춤을 춘다고 말했다. 그리고 춤을 추면 얼마나 행복한지를 문에게 알려 주었다.


여기까지 지연이의 이야기를 다 들은 후, 문은 오늘은 지연이의 자신감 부분에 대해서 더 이야기하고 싶다고 말했고, 지연이가 조금이라도 자신감을 찾는 연습을 문과 함께 해 봤으면 좋겠다고 말했다.


**문:** 지연이는 무엇을 잘해?

**지연:** (한참 고민하며) 나? 나는 헛짓을 잘해. 공부 빼고 나머지, 히히.

**문:** 헛짓?

**지연:** (웃으며) 공부 말고 딴짓하는 거 말이야.

**문:** 아, 호호.

**지연:** 그리고 공부 못하는 게 자신 있어.

**문:** 호호, 넌 웃기다.


## 5. 자신감 찾기

다음 단계로 넘어가기 위해 문은 다시 타로카드를 섞었고, 지연이가 자신감을 찾기 위해서 무엇을 하면 좋을지 찾아보자고 했다. 그리고 섞은 타로를 지연에게 펼쳤고, 두 장의 카드를 선택하도록 권했다.

〈지연이의 자신감을 위한 카드: 왼쪽부터 카드 1, 카드 2〉


카드 1) 한 남자가 하나의 나뭇가지를 잡고 신중히 바라보고 있다.

카드 2) 운명의 카드

문은 카드를 보고 지금 가장 자신감을 얻고 싶은 일이 무언지 묻자 지연이는 '춤'이라고 말했고, 자신은 잘 추고 싶은데 잘 못 춰서 속상하다고 말했다. 공부할 때는 정말 "해야지!" 하는 마음은 있지만, 하려고 하면 집중이 너무 안 되어서 그만두는 일이 많다고 하였다. 문은 지연이가 춤에 집중되어 있어 공부에 집중도가 많이 떨어진 거 같다고 말했다. 이럴 경우 춤을 아예 집중해서 배워서 자신감을 찾도록 엄마에게 제안을 해 보자고 말했다. 대신 지금보다 성적을 올리고 공부할 때는 더 집중하겠다고 엄마랑 약속을 해야 할 것 같다는 문의 생각도 함께 말했다. 이 약속이 지켜지면 지연이는 춤에 있어서 자신감을 찾고 공부도 더 잘하게 되어 학교에서도 더 자신감을 얻을 수 있을 것 같다고 말해 주었다. 그리고 엄마와 지연이가 타고난 재능(오른쪽 운명카드)에 대해서 진지하게 이야기하면서 지연이가 잘하는 것을 찾는 것이 지금 중요한 것 같다고 말했다.

지금까지 활발하게 쉬지 않고 이야기하던 지연이는 잠시 아무 말이 없었고, 잠시 침묵을 한 후 다시 입을 열며 자신도 정말 그렇게 하고 싶다고 말했다. 자신이 잘하는 것을 찾고 싶고, 춤은 정말 더 잘 추고 싶다고 말했다. 그러면 자신도 공부하는 데 도움이 될 것 같다는 말과 함께.

엄마가 어떻게 받아들일지 모르지만 한 번 이 부분에 대해서 엄마와 의논해 보기를 문은 제안했다.

## 6. 스토리텔링

마지막으로 문은 지연과 스토리텔링을 위해 타로카드를 펼쳤다.

〈지연이가 선택한 카드(니콜레타 세콜리 타로카드)〉

문은 차례대로 카드를 펼쳐 보였고, 여러 장의 카드 중 가장 마음이 가는 카드 한 장을 지연이가 선택하도록 하였다. 그리고 우리는 이 카드에 대해 좀 더 이야기를 나누었다.

**지연:** 이 여자는 편한 길을 알면서도 힘들게 가고 있어. 이 건물에서 저 건물로 갈 때, 땅으로 편하게 갈 수 있는데 저렇게 힘든 길을 선택했어. 그래도 버틸 수 있는 의지가 있고, 견딜 수 있는 강한 마음을 가졌어.

**문:** 이 소녀와 지연이가 닮은 점이 뭐야?

**지연:** 자꾸 힘든 길을 선택하려는 거?

**문:** 혹시 춤?

**지연:** 히히히.

**문:** 학생은 공부를 해야 하고, 그게 편한 길인데, 지연이는 힘든 길을 선택하고 싶어?

**지연:** 응.

**문:** 이 소녀처럼 힘들어도 견딜 수 있어?

**지연:** 히히, 응. 그런데 얘는 이렇게 힘든 일을 하는데 왜 이렇게 차려입고 하지?

**문:** 어? 그러네. 누군가에게 멋지게 보이고 싶은가 봐.

**지연:** 어? 히히. 사실 나도 그런데.

## 7. 타로카드 놀이 마무리

우리는 일주일 동안 지연이 자신감 찾는 연습을 위해 무엇이든 아주 사소한 것이든 지연이가 잘하는 것만 생각하기로 약속을 했다. 밥을 잘 먹는 것도, 인사를 잘하는 것도, 친구에게 친절한 것도 뭐든지 이번 일주일은 지연이가 잘하는 것만 생각해 보기로 했다. 그리고 한 달 뒤에 다시 만나서 지연이가 얼마나 멋진 아이인지에 대해 이야기하기로 약속한 후 타로 놀이를 끝냈다.

**문이 지연이에게**

사랑하는 나의 지연이! 오늘 너의 멋진 이야기 많이 들려줘서 고마워.
지연이가 엄마랑 얘기 잘해서 지연이가 좋아하는 것에서 자신감을 찾
아서 공부에도 집중하는 지연이가 되길 바라. 지연이는 타로카드 속
의 소녀처럼 아주 강한 아이야!

**지연이 어머님이 문에게**

아이의 마음을 이렇게 편하게 많은 이야기를 끌어내다니, 타로가 많
은 역할을 했네요. 아이가 속이 얼마나 시원했을까. 복잡한 마음의 성
장기에 자기 정리가 많이 되었겠네요. 특히 선생님께서 이야기를 들어
주는 정말 중요한 역할 하셨어요.

CHAPTER 5

재미로 보는
Yes or No 타로점

문이 여러분에게 선물로 구입한 타로 카드를 활용할 수 있는 한 가지 방법을 알려드릴게요. 실제로 타로카드는 점술도구이지요. 이렇게 구입한 타로카드로 '점'을 못 본다면 조금 섭섭하겠지요? 그래서 문이 재미있는 타로카드로 점을 보는 방법을 아주 간단하게 알려드릴게요. 어떤 문제에 대해 'Yes'인지 'No'인지를 물어보는 'Yes or No 타로점'입니다. 단 재미로 본다는 걸 꼭 명심하시고 나타난 결과에 마음을 뺏기지 마세요. 좋은 결과가 나오면 그것이 맞든, 아니든 마음껏 기뻐하세요. 대신 이후 그 결과가 틀리더라도 속상해하지는 마시고요. 나쁜 결과가 나오면 알게 된 것에 감사하며, 맹신하지는 말며, 그것이 실제로 일어난다고 해도 당당히 받아들이겠다는 용기를 가지셔야 합니다. 결과에 대해 이러한 마음가짐이 없다면 지금 조용히 타로카드를 내려놓으시길 바랍니다.

예를 들어, "남자친구가 저를 사랑하나요?"라는 질문에 "No"라는 대답을 듣고 마음이 상해 사랑하는 남자친구와 싸우는 일은 없겠죠?

또 한 가지, 'Yes or No 타로점'을 보기 전에 알려드릴 게 있어요. 이 책에서 문이 소개한 라이더 웨이트 타로와 델로스 타로카드는 정방향, 역방향 모두 해석을 하는 카드입니다. 그러나 너무 복잡하기에 'Yes or No 타로점'을 보실 때는 모두 정방향으로만 해석하기로 해요. 뽑았을 때 역방향으로 나와도 정방향으로 뒤집어서 결과를 점쳐 보세요. 그리고 타로카드 놀이와 타로점에서 여러분은 역방향을 해석할 일이 없기 때문에(물론 타로 마스터를 준비하신다면 해석해야 하지요) 처음부터 타로카드가 뒤집히지 않도록 정방향으로만 놓고 서플하고, 보관할 때도 모든 카드를 정방향으로 놓고 보관하는 게 더욱 좋습니다. 왜냐하면 역방향으로 나온 것을 다시 정방향으로 돌리면서 해석하면 점괘가 완전히 달라지거든요. 재미로 하는 놀이이지만, 카드의 방향을 잘 지켜서, 보다 정확한 점괘를 만나 보기를 바랍니다.

마지막으로 타로점을 볼 때 주의사항이 있답니다. 아니, 주의사항이라기보다는 카드에 대한 예의라고 표현할게요. 여러분이 지켜야 할 예의는 마음에 안 드는 결과가 나왔다고 같은 질문으로 여러 번 점을 보지 않는 거예요. 결과가 마음에 들지 않더라고 하나의 질문에는 딱 '한 번'만 점을 보세요. 우리들도 친구의 질문에 대답했는데, 못 믿겠다며 계속 똑같은 질문을 여러 번 하면 기분이 나쁘죠? 그것과 비슷하다고 생각하면 됩니다. 알겠죠? 그런 예의를 갖춘다면 타로카드도 최선을 다해 답을 해 줄 거예요.


## 타로점 보기 1단계: 질문 만들기

타로점에서는 질문이 가장 중요하답니다. 질문이 명확하지 않거나, 서술이 필요한 대답의 질문은 'Yes or No 타로점'에는 맞지 않아요. 질문은 아주 간단하고 짧은 내용으로 만들어 주세요. 그리고 한 셔플에는 한 가지 질문만 합니다. 다른 질문을 할 때는 꼭 다시 셔플해 주세요.


### <u>알맞은 질문 보기</u>

- 제 생일파티에 아빠가 선물을 주실까요?
- 엄마가 이번 크리스마스에 제가 원하는 장난감을 사주실까요?
- 이번 수학 시험에서 95점 이상을 받을 수 있을까요?
- 면접을 봤는데 제가 합격할 수 있을까요?


위의 질문들은 모두 'Yes or No' 대답을 들을 수 있습니다.


### <u>알맞지 않은 질문 보기</u>

- 소개팅을 하는데 그 남자는 어떤 사람인가요?
- 이사를 가야 하는데 어느 동네로 가면 좋을까요?
- 남자친구가 이틀 동안 전화가 없어요. 왜일까요?

위의 질문들은 'Yes or No'로 대답을 들을 수 없습니다.


## 타로점 보기 2단계: 셔플하기

셔플을 하기 전 카드에게 질문을 먼저 얘기한 다음에 셔플을 해도 되고, 셔플을 하면서 질문을 하여도 됩니다. 또한 두 가지 방법을 다 사용해서도 되어요. 즉, 질문을 한 뒤 셔플을 하면서 계속 질문을 하는 거죠. 단 카드를 펼치기 전에 질문을 해야 합니다. 그리고 셔플 시간은 자유입니다. 자유라고 해도 셔플을 5분씩 하지는 않겠죠? 자유지만 가볍게 간단하게 하길 바라요. 카드도 많이 섞이면 피곤할 거예요. 우리 한 번 연습해 볼까요?

"오늘 아빠가 집에 올 때 맛있는 간식을 사올까요?"라는 질문을 먼저 하고 셔플하기 연습 한 번, 셔플을 하면서 "오늘 아빠가 집에 올 때 맛있는 간식을 사올까요?"라고 계속 질문하면서 셔플하기 연습 한 번.

이렇게 셔플이 끝나면 카드를 뽑기 쉽게 길게 옆으로 펼칩니다. 어때요? 2단계까지는 너무 쉽죠?


## 타로점 보기 3단계: 카드 뽑기

셔플한 카드를 선택하기 편하게 한 줄로 펼친 후 자신이 한 질문을 생각하고 한 장을 뽑습니다. 먼저 펼쳐진 카드에서 한 장을 선택한 후 그대로 뒤집지 않고 카드를 뽑은 사람 앞에 둡니다. 그리고 카드를 펼치기 전 한 번 더 질문을 한 후 카드를 뒤집어 봅니다. 두근두근 떨리겠죠?

　서플은 엄마가 하고, 아이가 뽑아도 되고, 아이가 서플을 하고, 엄마가 카드를 뽑아도 됩니다. 서로 자기가 질문하고, 서플하고, 자신이 뽑아도 됩니다. 카드 앞에서 서로가 원하는 역할을 편안하게 하면 되어요.


## 타로점 보기 4단계: 해석하기

　질문도 만들고, 서플도 하고, 카드도 뽑았는데 이 카드가 'Yes'를 말하는 건지, 'No'를 말하는 건지 모르면 안 되겠죠? 타로를 배우지 않고는 모든 카드를 다 외울 수는 없으니 문이 알기 쉽게 정리해 두었습니다. 타로카드를 뽑고 나서 이 페이지를 펼쳐 보세요. 만일 이 책이 옆에 없다면 카드마다 분위기가 있답니다. 그 느낌대로 판단하면 된답니다. 색깔과 그림 내용과 느낌이 밝은 카드는 'Yes', 색깔이 어둡고, 그림 내용이 우울하고, 펼쳤을 때 뭔가 기분이 썩 좋지 않은 건 'No'라고 생각하면 되어요. 이런 관점을 '간주관적 관점'이라고 하는데요, 간주관적 뜻은 누가 봐도 아닌 건 아니라는 거예요. 소녀가 울고 있는 그림을 보고 누구도 이 그림의 제목이 '기쁨'이 아니라는 것을 안다는 거죠. 어두운 밤 까마귀가 날고 있는 그림을 보고 "아, 오늘은 운이 좋겠군!" 하고 생각하는 사람은 없잖아요. 이렇듯 우리 모두가 가지고 있는 공통된 관점이 있기에 이 카드의 의미를 몰라도 여러분의 잠재적인 감각으로 'Yes', 또는 'No'는 충분히 가려낼 수 있다고 문은 믿어요.

그리고 78장의 카드를 좋음, 나쁨 두 가지로 확실하게 분류하긴 힘들답니다. 어떤 카드는 질문에 따라 'Yes'가 되기도 하고, 'No'가 되기도 합니다. 그래서 문은 먼저 완전한 긍정의미의 카드를 골라내고, 다음으로 완전한 부정의미의 카드를 분류하였습니다. 그런데 이렇게 100% 긍정의 의미도 아니고, 부정의 의미도 아닌 카드와 'Yes or No 타로점'의 대답으로 적합하지 않은 카드들도 있답니다. 문은 그 카드를 'Think' 카드로 분류했어요. 'Think' 카드로 분류해 놓은 카드 중에는 의미가 매우 좋은 카드도 있답니다. 그렇지만 'Yes or No' 대답으로는 적절하지 않아요. 또한 지금 당장 결정하지 말고, 조금 더 생각하라는 뜻으로 이해하면 됩니다. 여러분의 질문에 'Think' 카드가 나왔다면 다시 한 번 시간을 두고 고민을 한 이후에 결정하라는 뜻으로 받아들이기 바랍니다.

<Yes 카드>

The Magician

The Empress

The Emperor

The Lover

The Chariot

Strength

The Star

The Sun

Judgement

The World

Ace of Cups

Two of Cups

Three of Cups

Six of Cups

Nine of Cups

Ten of Cups

Knight of Cups

Queen of Cups

King of Cups

Ace of Pentacles

Four of Pentacles

Six of Pentacles

Eight of Pentacles

Nine of Pentacles

Ten of Pentacles

Knight of Pentacles

Queen of Pentacles

King of Pentacles

Ace of Swords

Knight of Swords

Queen of Swords

King of Swords

Ace of Wands

Four of Wands

Six of Wands

Knight of Wands

Queen of Wands

King of Wands

<No 카드>

엄마와 함께하는
타로카드 놀이

## 보너스 하나

'Yes or No 타로점'에서 카드 두 장을 뽑는 질문이 있답니다. 문이 보너스로 알려드릴게요.

아주 간단한 예를 들면 가족끼리 외식을 하려 할 때 가고 싶은 가게가 두 군데가 있다고 상상합니다. 한 식당은 A, 다른 식당은

B로 두고 셔플을 한 다음 A 식당을 생각해서 한 장, B 식당을 생각해서 한 장, 이렇게 두 장을 뽑고 'Yes' 카드가 나온 가게로 외식을 하러 갈 수 있겠죠?

둘 다 'Yes' 카드가 나왔다면 앞 장의 '타로카드 구성'에서 배웠던 카드 중 메이저 카드냐 마이너 카드냐를 보고 메이저 카드가 나온 쪽을 선택하세요. 메이저가 마이너를 이깁니다.

둘 다 메이저 카드이거나, 둘 다 마이너 카드라고요? 그럼 어느 식당이든 좋아요. 두 곳 모두 괜찮은 식당입니다.

카드를 펼치니 어느 식당으로 가면 좋은지 아시겠지요? 정답은 A 식당입니다. A 식당에서는 온 가족이 맛있게 식사를 할 수 있어요. B 식당은 아마 기분이 조금은 상할 일이 기다리고 있을지도 몰라요.

문은 이렇게 아주 간단한 예를 들었지만, 여러분은 카드에게 다양한 질문을 해 보세요. 카드가 멋지게 대답해 줄 거예요.

아참, 두 카드 모두 'NO' 카드가 나오면 어떡하냐고요? 다른 식당을 한 번 알아보세요. 어쩌면 두 식당 모두 맛이 없을지도 몰라요. 아니면 다른 방법으로, 외식을 포기하는 것도 좋아요. 오늘은 아마 이불 밖은 위험한가 봐요. 선택은 여러분에게 맡길게요.


## 보너스 둘

'Yes or No 타로점'을 이용할 수 있는 방법이 또 있답니다. 우리가 가끔 친구들과 결정을 할 때 '가위바위보'로 결정을 하잖아요. 이제 '가위바위보' 대신 타로카드 뽑기를 해 보세요. 좋은 카드를 뽑은 사람이 이기는 것이지요. 가족과 함께 무엇을 결정해야 하는데 모두 의견이 다를 경우 타로카드 뽑기로 정해 보세요. 가장 좋은 카드를 뽑은 사람의 의견을 선택해 주세요. (**'Think' 카드는 제외**)

1순위 메이저 'Yes' 카드

2순위 마이너 'Yes' 카드

3순위 마이너 'No' 카드

4순위 메이저 'No' 카드

메이저 'No' 카드를 뽑은 사람의 의견은 절대 행하지 마세요. 최강 부정이랍니다.

자, 누구의 의견을 들어야 할까요? 정답은?

둘째가 이겼습니다. 둘째가 1순위, 엄마가 2순위, 아빠가 3순위, 첫째가 4순위입니다. 여기서 첫째는 최강 부정을 뽑았으니 의견을 접으시고, 1순위 둘째의 의견을 기쁘게 따라 주세요.

## 다음 만남을 약속하며

아이들은 춤추고, 노래하고, 그림 그리고, 웃고, 이야기해야 합니다. 이 안에 치유의 힘이 숨어 있습니다. 내 아이가 지금 힘들어한다면, 아니 엄마인 내가 아이 때문에 힘들다면 함께 춤추고, 노래하고, 그림을 그리고, 웃고, 이야기 나누어 보세요. 이 안에 숨은 치유의 힘이 엄마와 아이에게 서로의 마음의 목소리를 들을 수 있는 능력을 줄 것입니다.

문은 이 책이 '서로 마음의 목소리를 들을 수 있는 능력'을 주길 바라는 마음으로 이 책을 완성했습니다. 그리고 실제로 문과 아이들은 타로카드 놀이를 통해 그러한 치유의 힘을 받았어요. 그래서 우리는 지금 서로의 마음을 그 전보다 더 잘 이해한답니다. 우리는 서로의 마음의 목소리를 들을 수 있게 되었지요.

문은 이 책의 방법들이 이 세상의 엄마들과 아이, 학교나 학원에서의 선생님과 학생, 남편과 아내, 연인 사이에서 대화의 수단으로 많이 활용되기를 바랍니다. 서로의 마음을 공유하는 대화는 우리가 생각하는 것보다 훨씬 큰 힘이 있습니다. 우리가 그것을 실행하기 전 기대하는 것은 그 결과에 비하면 빙산의 일각입니다. 깊이 있고 올바른 대화가 끝난 후에는 우리가 기대했던 이상의 결과들이 따라옵니다.

우리 아이들은 미래에 지금 우리가 서 있는 이 자리에 서게 됩니다. 아이에게 더 행복한 어른의 얼굴로 이 자리에 세워두고 싶지 않으세요. 문은 그러고 싶어요. 내 옆의 아이가 나를 만나 한 번 더 웃을 수 있도록 안내해 주세요. 내 옆의 아이가 나를 만나 자신의 마음에 대해 이야기할 수 있도록 귀를 열어 주세요. 내 옆의 아이가 나를 만나 사랑을 느낄 수 있도록 한 번 더 안아 주세요. 그 한 번이 아이에게는 지금보다 더 멋진 미래로 달려갈 수 있는 힘이 될 것입니다.

이 책이 탄생할 수 있도록 저의 제안을 받아준 북랩 출판사와 이 책을 구입해주고 끝까지 읽어 주신 여러분들에게 감사를 전합니다. 좀 더 쉽고 친근한 책으로 탄생시키기 위해 책에 멋진 그림을 그려주신 나의 형부이신 그림작가님께도 감사의 마음 전합니다. 또한 문과 함께 타로카드 놀이를 하며 함께 울고 웃었던 내 작은 친구들에게 고마움을 전하며 이 책에 마침표를 찍겠습니다. 아이들의 마음의 행복을 위해은 항상 노력하겠다는 약속과 함께.

감사합니다.